MI HIJO ES HIPERACTIVO

Hiperactividad y Síndrome de atención *(TDAH)*

© Adolfo Pérez Agustí (2014-2023)

MI HIJO ES HIPERACTIVO

Hiperactividad y Síndrome de atención *(TDAH)*

edicionesmastersmail.com

Spain

¿Problema antiguo o enfermedad de reciente aparición? Por un principio de prudencia, los profesionales de la medicina natural desconfiamos de las "nuevas enfermedades" para las cuales existen ya tratamientos médicos que deberían aparecer muchos años después de su definición como tales.

Según las cifras, el Trastorno por déficit de atención con hiperactividad (TDAH) es una enfermedad crónica que afecta a millones de niños y con frecuencia persiste en la edad adulta. Se trataría de una combinación de problemas, como la dificultad para mantener la atención, hiperactividad y comportamiento impulsivo. Vistas estas cifras entendemos que ahora se estén medicando millones de personas, pero la crítica surge cuando la medicina tradicional reconoce no tener solución definitiva, solamente paliativa.

Para aumentar aún más la preocupación de los padres y los adultos afectados, se insiste en que estos trastornos ocasionan baja autoestima, relaciones conflictivas y malos resultados en la escuela y el trabajo. Vistos estos problemas, es razonable entender la necesidad de los millones de afectados para acudir al médico. Además, algunas personas parecen no superar nunca totalmente los síntomas del TDAH y el tratamiento químico se hace crónico.

Este libro aporta soluciones inocuas que son bastante más que una simple alternativa.

CAPÍTULO 1

Definición

¿Alguna vez ha tenido problemas para concentrarse, le ha resultado difícil quedarse quieto, interrumpía a otros durante una conversación o actuaba impulsivamente y sin pensar las cosas? ¿Puede recordar momentos en los que había soñado despierto, o dificultad para concentrarse en la tarea en cuestión?

La mayoría de nosotros puede imaginarse actuando así de vez en cuando. Pero para algunas personas, estos y otros comportamientos exasperantes son incontrolables, persistentes, hasta el punto en que azota su existencia día a día e interfieren con su capacidad para formar amistades duraderas o tener éxito en la escuela, en casa o con una profesión. Quieren estar atentos cuando escuchan y así recordar después lo que le dijeron, pero es imposible.

A diferencia de un hueso roto o un cáncer, el Trastorno de Hiperactividad con Déficit de Atención (TDAH o ADD) no muestra signos físicos que puedan ser detectados por un análisis de sangre u otras pruebas de laboratorio, aunque pueden darse simultáneamente otros trastornos físicos y psicológicos.

Los estudios de neuroimagen han revelado que, en los jóvenes con TDAH, el cerebro madura según un patrón normal, pero se demora, en promedio, alrededor de 3 años, siendo el retraso más pronunciado en las regiones del cerebro involucradas en el pensamiento, prestar atención y planificación. Estudios más recientes han encontrado que la capa más externa del cerebro, la corteza, muestra una demora en general, y la estructura del cerebro más importante para las comunicaciones situada entre las dos mitades del cerebro, muestra un patrón de crecimiento anormal.

Los tratamientos pueden aliviar muchos de los síntomas del TDAH, pero actualmente no existe cura radical para el trastorno. Con tratamiento mixto, medicina tradicional y alternativa, la mayoría de las personas con TDAH pueden tener éxito en la escuela y llevar una vida productiva. Las nuevas herramientas como imágenes del cerebro, para entender mejor el TDAH, están logrando encontrar formas más eficaces de tratar la enfermedad.

Según apuntábamos, se trata de uno de los trastornos cerebrales más comunes en la infancia y que puede continuar hasta la adolescencia y la edad adulta.

El TDAH, también llamado trastorno de déficit de atención (TDA) o trastorno hipercinético, ha existido desde hace mucho más tiempo del que la mayoría de la gente piensa. De hecho, una alteración similar al TDAH fue descrita por Hipócrates, quien vivió 460 a 370 antes de Cristo. El nombre de Síndrome de Atención Deficiente se introdujo por primera vez en 1980 en la tercera edición del Manual de Diagnóstico y Estadística de los Trastornos Mentales y en 1994 la definición fue alterada para incluir tres grupos de TDAH: el tipo predominantemente hiperactivo-impulsivo, el tipo predominantemente inatento, y el tipo combinado.

Casuística

Aunque el TDAH suele aparecer primero en la infancia, también puede presentarse en la juventud y ser diagnosticado mucho más tarde, en la edad adulta. En ocasiones, es confundido como síntomas propios de la vejez.

Las medidas adoptadas recientemente en nuestra comprensión del TDAH incluyen:

El TDAH es cerca de tres veces más común entre niños que niñas.

Los síntomas del TDAH no siempre desaparecen y hasta un 60 por ciento de los pacientes infantiles conservan sus síntomas en la edad adulta.

Muchos adultos con TDAH no han sido diagnosticados, por lo que pueden no ser conscientes de que tienen la enfermedad. Con el tiempo hay problemas sociales y familiares a causa de su enfermedad, y suelen ser diagnosticados con enfermedades puramente psicológicas como depresión o ansiedad.

Además de la dificultad de vivir con los síntomas, la sociedad en general puede ocasionar nuevos desafíos y problemas. Algunos expertos han relacionado el TDAH con un mayor riesgo de accidentes, uso indebido de drogas, el fracaso escolar, la conducta antisocial y la delincuencia. Pero otros consideran el TDAH de forma positiva, con el argumento de que se trata simplemente de un método diferente de aprendizaje que implica una mayor asunción de riesgos y creatividad.

Tipos

Una persona debe tener síntomas de TDAH presente antes de los 12 años con el fin de ser diagnosticada (incluso si es adulto en el primer diagnóstico).

También debe haber evidencia de que los comportamientos están presentes en dos o más ambientes -por ejemplo, en el hogar, la escuela o el trabajo; con amigos y familiares, y en otras actividades-. Alguien que puede no prestar atención en el trabajo, pero está atento sólo en casa por lo general no se califica para un diagnóstico de TDAH.

El TDAH tiene tres subtipos:

Predominantemente hiperactivo-impulsivo.

La mayoría de los síntomas (seis o más) se encuentran en las categorías de hiperactividad-impulsividad. Menos de seis síntomas de falta de atención están presentes, a pesar de la falta de atención que puede todavía estar presente en algún grado. Se clasifica así cuando se han mostrado síntomas de hiperactividad-impulsividad, pero no los síntomas de falta de atención durante al menos 6 meses.

Una persona que es hiperactiva siempre parece estar "en marcha" o en constante movimiento. La persona puede lanzarse alrededor a tocar o jugar con lo que está a la vista, o a hablar sin parar. Permanecer sentado en la cena o durante una lección de la escuela o en el trabajo puede ser difícil. Se retuercen y juguetean en sus asientos o dan vueltas por la habitación. O pueden mover sus pies, tocar todo, o ruidosamente jugar con el bolígrafo.

Los adolescentes hiperactivos o adultos pueden sentirse inquietos internamente y a menudo sienten la necesidad de mantenerse ocupados y pueden tratar de hacer varias cosas a la vez.

Predominantemente inatento.

La mayoría de los síntomas (seis o más) están en la categoría de falta de atención y menos de seis síntomas de hiperactividad-impulsividad están presentes, a pesar de que la hiperactividad-impulsividad puede todavía estar presente en algún grado. Los niños con este subtipo son menos propensos a actuar o tienen dificultades para llevarse bien con otros niños. Pueden sentarse en silencio, pero no están prestando atención a lo que están haciendo. Por lo tanto, el niño puede ser pasado por alto, y los padres y los maestros no pueden darse cuenta de que él o ella tienen TDAH. Se clasifica así cuando se han mostrado síntomas de falta de atención, pero no síntomas de hiperactividad-impulsividad durante al menos 6 meses.

Combinado hiperactivo-impulsivo y desatento

Seis o más síntomas de falta de atención y seis o más síntomas de hiperactividad-impulsividad están presentes. La mayoría de los niños tienen el tipo combinado de TDAH. Se clasifica así cuando se han mostrado síntomas tanto de la falta de atención como de la hiperactividad-impulsividad durante al menos 6 meses.

Las personas que son impulsivas parecen incapaces de controlar sus reacciones inmediatas o pensar antes de actuar. A menudo dejar escapar comentarios inapropiados, muestran sus emociones sin freno, y actúan sin pensar en las consecuencias. Les puede resultar difícil esperar por las cosas que ellos quieren, o esperar su turno en los juegos. Pueden coger un juguete a otro niño o golpear otro cuando lo tienen o están alterados.

Cuando son adolescentes o adultos, las personas impulsivas pueden optar por hacer cosas que no tienen una recompensa inmediata, en lugar de interesarse por actividades que requieren un mayor esfuerzo, pero que recogerían el premio más tarde.

CAPÍTULO 2

Causas

Las causas se desconocen, pero el TDAH (siglas en español) puede ser diagnosticado y tratado eficazmente y hay muchos recursos disponibles para apoyar a las familias en el manejo del comportamiento de los afectados.

Al igual que muchas otras enfermedades, el TDAH probablemente es el resultado de una combinación de factores. Además de la genética, los investigadores están estudiando los posibles factores ambientales, y están estudiando cómo las lesiones cerebrales, la nutrición y el entorno social pueden contribuir al TDAH.

Hasta ahora, los científicos no están seguros de qué causa la enfermedad, aunque muchos estudios sugieren que quizá sean los medicamentos empleados por la madre o el niño en edades tempranas.

Genes

Los resultados de varios estudios internacionales de gemelos muestran que es posible que el TDAH se herede. Los investigadores están estudiando varios genes que pueden hacer a algunas personas más propensas a desarrollar la enfermedad. El conocimiento de los genes involucrados quizá logre que algún día los investigadores puedan dar las pautas para prevenir la enfermedad antes de que se desarrollen los síntomas. Aprender acerca de los genes específicos también podría conducir a mejores tratamientos.

Los polimorfismos de tres genes diferentes con características dopaminérgicas, la dopamina D2 receptora (DRD2), el transportador de la β-hidroxilasa (DβH) y la dopamina DAT1, fueron examinados en el síndrome de Tourette (TS), junto con sus familiares. Cada gen individualmente mostraba una correlación significativa con diversas variables de comportamiento en estas materias. Los tres genes fueron examinados por genotipificación en el mismo grupo de sujetos. En 9 de los 20 casos examinados, los comportamientos mórbidos asociados tenían una relación lineal significativa entre el grado de carga de los tres marcadores de genes y las puntuaciones medias de comportamiento. Las variables de comportamiento que muestran las asociaciones significativas fueron, en orden: desorden de hiperactividad y déficit de atención (ADHD), tartamudez, tics, conducta compleja, trastorno obsesivo-compulsivo, manía, abuso de alcohol, y en general ansiedad, así como comportamientos de oposición desafiante. En 16 de los 20 resultados de comportamiento se observó una disminución progresiva lineal en la puntuación media con cada vez menor carga para los tres marcadores genéticos. Estos resultados sugieren que en el TDAH, el trastorno de tartamudez, la actitud oposicionista desafiante, y otras conductas asociadas son poligénicas, debido en parte a estos tres genes dopaminérgicos. La conclusión es que la genética de otros trastornos psiquiátricos poligénicos puede ser descifrada con esta técnica.

Los niños con TDAH que llevan una versión particular de un determinado gen tienen un tejido cerebral más delgado en las áreas del cerebro asociadas con la atención. Esta investigación mostró que la diferencia no era permanente, sin embargo, y cuando los niños con este gen crecieron, el cerebro se desarrolló a un nivel normal de grosor. Sus síntomas del TDAH también mejoraron, por lo que se aconseja evitar la medicación si los síntomas no son importantes.

Los investigadores también están estudiando las variaciones genéticas que pueden o no pueden ser heredadas, tales como duplicaciones o alteraciones de un segmento de ADN. Estas "variaciones del número de copia" (CNV) pueden incluir muchos genes. Algunas CNVs son más frecuentes en las personas con TDAH que en las personas no afectadas, lo que sugiere un posible papel en el desarrollo de la enfermedad.

Los niños afectados tienen cuatro veces más probabilidades de haber tenido un pariente que también fue diagnosticado con trastorno por déficit de atención. Por el momento, los investigadores están estudiando muchos genes diferentes, en particular los que participan en el agente químico cerebral dopamina, pues las personas afectadas parecen tener niveles más bajos.

Factores ambientales

Algunos estudios sugieren un posible vínculo entre el tabaquismo y el consumo de alcohol durante el embarazo y el TDAH en los niños. Además, los niños en edad preescolar que están expuestos a altos niveles de plomo, que a veces se pueden encontrar en accesorios de plomería o pintura en edificios antiguos, puede tener un mayor riesgo de desarrollar TDAH.

La relación es muy intensa en cuanto al tabaquismo materno y poco al paterno. Otro dato es que las mujeres que sufren de TDAH son más propensas a fumar, por lo que una explicación genética no se puede descartar. Sin embargo, la nicotina puede causar hipoxia (falta de oxígeno) en el útero.

La exposición al plomo, como indicamos, también se ha sugerido como factor que contribuye al TDAH. Aunque la pintura ya no contiene plomo, es posible que los niños en edad preescolar que viven en edificios antiguos puedan estar expuestos a niveles tóxicos de plomo de la pintura vieja o de las tuberías que no han sido reemplazadas.

Azúcar

La idea de que el azúcar refinado causa el TDAH o empeora los síntomas es muy popular, y puede que esté fundamentado. En un estudio, los investigadores dieron a los niños alimentos que contenían azúcar o un sustituto del azúcar cada dos días. Los niños que recibieron el azúcar mostraron diferente comportamiento o capacidades de aprendizaje menores que aquellos que recibieron el sustituto de azúcar. Otro estudio en el cual los niños recibieron cantidades mayores que las medias de azúcar o sustitutos del azúcar mostró resultados similares.

Sin embargo, en otro estudio, los niños que se consideraban azúcar-sensibles por sus madres, se les dio el sustituto de azúcar aspartamo. Aunque todos los niños lo tomaron, la dosis fue variable en ellos. Las madres que pensaban que sus hijos habían consumido azúcar blanco, fueron clasificados como más hiperactivos que los otros niños y eran más críticas con su conducta, en comparación con las madres que pensaban que sus hijos recibieron aspartamo.

Mientras que algunos estudios sugieren un enlace, la investigación más reciente no muestra un enlace entre el TDAH y el azúcar blanco refinado. Pero puesto que siempre es recomendable eliminar el azúcar blanco de la dieta, no hay inconveniente en suprimirlo definitivamente.

Los aditivos alimentarios

Una investigación británica reciente indica una posible relación entre el consumo de ciertos aditivos alimentarios, como colorantes y conservantes, y un aumento en la actividad. Se están realizando investigaciones para confirmar los hallazgos y para aprender más acerca de cómo los aditivos alimentarios pueden afectar a la hiperactividad.

El problema es que no siempre las pruebas sobre su inocuidad son fiables. Sin embargo, un pequeño número de niños afectados puede ser sensible a los colorantes de alimentos, a los sabores artificiales, los conservantes, u otros aditivos de alimentos. Lo que es seguro que con una dieta libre de aditivos se experimentan menos síntomas de TDAH, pero este tipo de dietas son a menudo difíciles de mantener.

Vacunas

Se relaciona a las vacunas con una serie de enfermedades autoinmunes, alérgicas y con trastornos del comportamiento. De momento no hay datos concluyentes, puesto que apenas se conocen estudios efectuados en grupos de población amplios. Pudiera ser que la industria del medicamento no tenga interés en estos estudios.

Papel de los padres

Al desconocerse la causa exacta del trastorno de déficit de atención con hiperactividad (TDAH), los padres pueden culparse a sí mismos por este problema. Es probable que sean muchos factores los que juegan un papel importante en todos los casos de TDAH, y muy poco tiene que ver con la forma de criar a los niños.

Inevitablemente, los padres se preguntan "¿Qué he hecho para causar esto?" O "¿Cómo podría haber evitado?", Pero la mayoría de la evidencia apunta a factores genéticos, ambientales o daño cerebral. Ciertos aspectos del entorno del niño pueden, sin embargo, afectar a la gravedad de los síntomas del TDAH, una vez establecido.

Nutrientes

Algunos estudios también sugieren que la falta de los ácidos grasos omega-3 está relacionada con los síntomas del TDAH. Estas grasas son importantes para el desarrollo y la función cerebral, y hay mucha evidencia que sugiere que una deficiencia puede contribuir a trastornos del desarrollo como el TDAH. Los suplementos de aceite de pescado parecen aliviar los síntomas del TDAH, por lo menos en algunos niños, e incluso pueden mejorar su rendimiento en la escuela.

Lesión cerebral

Se están investigando los lóbulos frontales del cerebro -las áreas que controlan la resolución de problemas, la planificación, la comprensión de la conducta de otras personas y que restringe nuestros impulsos.

El cerebro está dividido en dos mitades, y los dos lóbulos frontales se comunican a través de un haz de fibras nerviosas llamado cuerpo calloso. Estas áreas, y las células cerebrales cercanas, están siendo examinadas por los investigadores y mediante el uso de métodos de imágenes cerebrales, los expertos pueden tener una idea de la ubicación de los déficits psicológicos del TDAH.

Una lesión cerebral puede ser también causa del trastorno de déficit de atención en algunos niños. Esto puede ocurrir después de la exposición a toxinas o lesiones físicas, ya sea antes o después del nacimiento. Los expertos dicen que las lesiones de la cabeza pueden causar síntomas similares al TDAH en personas no afectadas, tal vez debido al daño en el lóbulo frontal. Lo que es cierto es que los niños que han sufrido una lesión cerebral pueden mostrar algunos comportamientos similares a los del TDAH.

Un estudio de 2002 encontró que los niños con TDAH tenían un 3-4 por ciento del volumen cerebral más pequeño en todas las regiones del cerebro. Pero los niños medicados para este síndrome también tenían volúmenes cerebrales similares a los niños afectados.

Una gran diferencia es la cantidad de "materia blanca", las conexiones de larga distancia entre las

regiones del cerebro que normalmente se hacen más
fuerte a medida que el niño crece.

CAPÍTULO 3

Signos y síntomas

La falta de atención, la hiperactividad y la impulsividad son los principales comportamientos del TDAH (ADHD). Es normal que los niños sean desatentos, hiperactivos o impulsivos a veces, pero para los niños afectados estos comportamientos son más graves y se producen con más frecuencia. Para ser diagnosticado con el trastorno, el niño debe tener síntomas durante 6 meses o más y en un grado mayor que otros niños de la misma edad.

Síntomas generales

Los síntomas incluyen dificultad para concentrarse y prestar atención, dificultad para controlar el comportamiento e hiperactividad (exceso de actividad). Estos síntomas pueden hacer que sea difícil para un niño afectado tener éxito en la escuela, llevarse bien con otros niños o adultos, o realizar las tareas en el hogar. Además, encontramos:

Ansiedad

Problemas de aprendizaje (en niños y adolescentes)

Problemas del habla o la audición (en niños y adolescentes)

Trastorno obsesivo-compulsivo

Tics.

Los problemas de conducta como el trastorno de oposición desafiante (ODD), o trastorno de conducta (CD), son habituales en niños y adolescentes.

Exactamente lo que hace que el TDAH no se haya establecido claramente, es que muchos médicos creen que los elementos neurobiológicos y genéticos juegan un papel importante. Además, numerosos factores sociales como conflictos familiares o las malas prácticas de crianza de los hijos, sin causar la enfermedad, pueden complicar el curso del TDAH y su tratamiento.

Las principales características del Trastorno de Hiperactividad con Déficit de Atención son la falta de atención, hiperactividad, y / o la impulsividad. Pero debido a que la mayoría de los niños pequeños muestran estos comportamientos de vez en cuando, es importante no asumir que cada niño que se ve con estos síntomas tiene TDAH. La diferencia es que los síntomas del

TDAH generalmente se desarrollan durante varios meses. En general, la impulsividad y la hiperactividad se observan antes de la falta de atención, que a menudo aparece después.

También puede pasar desapercibida debido a que el "soñador desatento" puede ser pasado por alto como una persona que "no puede quedarse quieto" en la escuela o en el trabajo, o que sea perjudicial. Los síntomas observables del TDAH por lo tanto pueden variar mucho dependiendo de la situación y las demandas específicas que emita sobre el autocontrol de la persona.

Las diferentes formas de TDAH pueden dar lugar a que una persona sea marcada como diferente - especialmente en los niños-. Por ejemplo, un niño impulsivo puede ser etiquetado como un "problema de disciplina." Un niño pasivo puede ser descrito como "sin motivación." Pero el TDAH podría ser la causa de los dos patrones de comportamiento. Sólo se puede sospechar una hiperactividad del niño, cuando la distracción, falta de concentración, o impulsividad comienzan a afectar el rendimiento escolar, a su comportamiento social o en su casa.

Síntomas diagnósticos específicos de la hiperactividad-impulsividad

A menudo mueven en exceso las manos o los pies, o se remueven en su asiento.

A menudo abandonan su asiento en situaciones en las que se espera que permanezcan sentados (por ejemplo, levantarse del asiento en la clase o en su lugar de trabajo).

Correr o saltar en situaciones en las que es inapropiado.

Soltar las respuestas antes de escuchar toda la cuestión.

Hablar excesivamente.

Interrumpir o entrometerse en los demás.

Tener dificultad para esperar en fila o esperar su turno.

No pueden reproducir o realizar actividades de ocio en silencio.

Se sienten muy inquietos, como si "tuvieran un motor", y hablan en exceso.

Una persona debe cumplir con 5 o más (6 o más para niños y adolescentes) de los síntomas anteriores durante al menos 6 meses para admitir el diagnóstico de TDAH. Al igual que con todos los diagnósticos, estos comportamientos también deben tener un impacto directo y negativo en el funcionamiento social y académico / laboral de la persona.

Los niños que tienen síntomas de falta de atención pueden:

Distraerse con facilidad, perder información, olvidar las cosas, y cambiar con frecuencia de una actividad a otra.

Tener dificultad para concentrarse en una cosa.

Aburrirse de una tarea después de sólo unos minutos, a menos que estén haciendo algo agradable.

Tener dificultad para centrar la atención en la organización y realización de una tarea o aprender algo nuevo.

Tener problemas para completar o entregar las tareas, a menudo perdiendo cosas (por ejemplo, lápices, juguetes, tareas) necesarias para completar las tareas o actividades.

No parecen escuchar cuando se les habla.

Sueñan despiertos, se confunden con facilidad, y se mueven lentamente.

Tienen dificultad para procesar información tan rápida y precisa como otros.

Tienen dificultad para seguir las instrucciones.

Los niños que tienen síntomas de hiperactividad pueden:

Son inquietos y se retuercen en sus asientos

Hablan sin parar

Tocan los objetos o juegan con cualquier cosa y todo a la vista.

Tiene problemas permanecer sentado durante la cena, la escuela y la hora del cuento.

Están en constante movimiento.

Tienen dificultad para hacer tareas o actividades tranquilas.

Los niños con síntomas de impulsividad pueden:

Ser muy impacientes.

Dejar escapar comentarios inapropiados, mostrar sus emociones sin freno, y actuar sin tener en cuenta las consecuencias.

Tienen dificultad para esperar las cosas que quieren o esperar su turno en los juegos.

A menudo interrumpen conversaciones o actividades de los demás.

CAPÍTULO 4

Diagnóstico

El TDAH es uno de los trastornos más comunes de la infancia y puede continuar hasta la adolescencia y la edad adulta. La edad promedio de inicio es de 7 años.

Afecta aproximadamente al 4,0% de las personas de 18 años o más en un año determinado. El trastorno afecta a 9,0% de los niños de 13 años a 18 años. Los niños tienen cuatro veces más riesgo que las niñas.

Los estudios demuestran que el número de niños que son diagnosticados con TDAH va en aumento, pero esto es algo que nos hace dudar sobre la veracidad de los informes y estadísticas.

Los padres y los maestros pueden obviar el hecho de que los niños con síntomas de falta de atención tienen la enfermedad, porque a menudo son tranquilos y tienen menos probabilidades de actuar. Pueden sentarse en silencio, como si trabajasen, pero a menudo no prestan atención a lo que están haciendo. Pueden llevarse bien con otros niños, en comparación con aquellos con los otros subtipos, que tienden a tener problemas sociales. Pero los niños con el tipo desatento de TDAH no son los únicos cuyos trastornos deben corregirse. Por ejemplo, los adultos pueden pensar que los niños con los subtipos hiperactivo e impulsivo sólo tienen problemas emocionales o disciplinarios.

¿Cómo se diagnostica el TDAH?

Los niños maduran a ritmos diferentes y tienen diferentes personalidades, temperamentos, y niveles de energía. La mayoría se distraen, actúan impulsivamente, y luchan para concentrarse en un momento u otro, y a veces estas peculiaridades normales pueden confundirse con TDAH.

Los síntomas del TDAH suelen aparecer temprano en la vida, a menudo entre las edades de 3 y 6, y pero como los síntomas varían de persona a persona, la enfermedad puede ser difícil de diagnosticar. Los padres pueden notar primero que su niño pierde interés en las cosas antes que otros niños, o parece estar constantemente "fuera de foco" o "fuera de control". A menudo, los profesores notan los primeros síntomas, cuando un niño tiene problemas para seguir las reglas, o con frecuencia se aíslan mentalmente en el aula o en el patio.

Ninguna prueba puede diagnosticar que un niño tiene TDAH y un profesional de la salud necesita recopilar información sobre el niño y su comportamiento y el medio ambiente. La familia puede querer hablar primero con el pediatra y algunos pueden evaluar al niño, pero lo razonable es que les remitan a un especialista en salud mental con experiencia en trastornos cerebrales infantiles como el TDAH. El pediatra o el especialista en salud mental en primer lugar tratarán de descartar otras posibilidades para los síntomas. Por ejemplo, ciertas situaciones, eventos o condiciones de salud pueden provocar comportamientos temporales de un niño que se parecen como el TDAH. Entre ellos, el pediatra y el especialista determinarán si el niño:

Está experimentando ataques detectados que podrían estar asociados con otras condiciones médicas, como:

Tiene una infección en el oído medio que causa los problemas auditivos.

Tiene problemas de visión.

Tiene algún problema de salud que afectan el pensamiento y el comportamiento.

Tiene algún tipo de discapacidad de aprendizaje.

Tiene ansiedad o depresión u otros problemas psiquiátricos que pueden causar síntomas de TDAH.

Se ha visto afectado por un cambio significativo y repentino, como la muerte de un familiar, un divorcio o la pérdida del trabajo de los padres.

El especialista también revisará los expedientes escolares y médicos en busca de pistas, para ver si aparece un hogar o un entorno escolar inusualmente estresante o interrumpido, y recopilar información de los padres y los maestros del niño. Los entrenadores, cuidadores de niños y otros adultos que conocen al niño, también pueden ser consultados.

El especialista también preguntará:

¿Es su comportamiento excesivo, o no afecta a todos los aspectos de la vida del niño?

¿Son más frecuentes en este niño en comparación con los compañeros del niño?

¿Es un problema su conducta o una respuesta a una situación temporal?

¿Ocurren los comportamientos en varios escenarios o sólo en un lugar, como la zona de juegos, sala de clase, o en casa?

El especialista prestará mucha atención a la conducta del niño en diferentes situaciones, ya que algunas son muy estructuradas, y otras tienen menos estructura. Otras podrían requerir que el niño mantenga su atención. La mayoría de los niños con TDAH son más capaces de controlar su comportamiento en situaciones en las que están recibiendo atención individual y cuando están libres para centrarse en actividades agradables. Este tipo de situaciones son menos importantes en la evaluación. También debe ser evaluado para ver cómo actúa en situaciones sociales, y se pueden realizar pruebas de capacidad intelectual y el rendimiento académico, para ver si hay una discapacidad de aprendizaje.

Finalmente, después de reunir toda esta información, si el niño cumple con los criterios para el TDAH, será diagnosticado con el trastorno.

Es importante saber que:

Los niños maduran a ritmos diferentes y tienen diferentes personalidades, temperamentos, y niveles de energía. La mayoría de los niños se distraen, actúan impulsivamente, y luchan para concentrarse en un momento u otro. A veces, estos factores normales pueden confundirse con TDAH. Los síntomas del TDAH suelen aparecer temprano en la vida, a menudo entre las edades de 3 y 6 años, y porque los síntomas varían de persona a persona, la enfermedad puede ser difícil de diagnosticar. Los padres pueden notar primero que su niño pierde interés en las cosas antes que otros niños, o parece estar constantemente "fuera de control". A menudo, los profesores notan los primeros síntomas, cuando un niño tiene problemas para seguir las reglas, o con frecuencia "tiene su espacio" en el aula o en el patio.

Ninguna prueba médica puede diagnosticar que un niño tiene TDAH. En cambio, un profesional de la salud licenciado necesita recopilar información sobre el niño y su comportamiento y el medio ambiente. Una familia puede querer hablar primero con el pediatra del niño. Algunos pediatras pueden evaluar al niño a sí mismos, pero muchos van a referir a la familia a un especialista en salud mental con experiencia en trastornos mentales infantiles como el TDAH. El pediatra o especialista en salud mental en primer lugar tratará de descartar otras posibilidades para los síntomas. Por ejemplo, ciertas situaciones, eventos o condiciones de salud pueden

provocar comportamientos temporales de un niño
que se parecen como TDAH.

Entre ellos, el pediatra de referencia y especialista
determinarán si el niño:

> Está experimentando ataques detectados que
> podrían estar asociados con otras afecciones
> médicas.

> Tiene algún problema genético que afecta el
> pensamiento y el comportamiento.

> Tiene algún tipo de discapacidad de
> aprendizaje.

> Tiene ansiedad o la depresión u otros
> problemas psiquiátricos.

> Se ha visto afectada por un cambio
> significativo y repentino, como la muerte de
> un familiar, un divorcio o la pérdida del
> trabajo de los padres.

Un especialista también revisará los expedientes
escolares y médicos en busca de pistas, para ver si
aparecen el hogar del niño o el entorno escolar
inusualmente estresante o interrumpido, y recopilar
información de los padres y los maestros del niño.
Los entrenadores, cuidadores de niños y otros

adultos que conocen al niño y también pueden ser consultados.

El especialista también le preguntará:

¿Son los comportamientos excesivos y largo plazo, y no afectan a todos los aspectos de la vida del niño?

¿Son más frecuentes en este niño en comparación con los compañeros del niño o sus hermanos?

¿Son las conductas un problema continuo o una respuesta a una situación temporal?

¿Ocurren los comportamientos en varios escenarios o sólo en un lugar, como la zona de juegos, sala de clase, o en casa?

El especialista prestará mucha atención a las conductas del niño que requiera mucha atención. La mayoría de los niños con TDAH son más capaces de controlar su comportamiento en situaciones en las que son libres para centrarse o en actividades agradables. Este tipo de situaciones son menos importantes en la evaluación. Un niño también puede ser evaluado para ver cómo actúa en situaciones sociales, y ver si es hábil en algunas actividades académicas y recreativas.

Con frecuencia, la ensoñación o la imaginación se consideran negativas, cuando en realidad constituyen facetas de la personalidad muy valiosas.

Algunos niños con TDAH también pueden tener uno o más de los siguientes problemas:

Problema de aprendizaje.

Un niño en edad preescolar con problemas de aprendizaje puede tener dificultades para entender ciertos sonidos o palabras o tienen problemas para expresarse a sí mismo en las palabras.

Alrededor del 20 al 30 por ciento de los niños afectados tienen problemas de aprendizaje (LD). Este es un problema que es inesperado dada la inteligencia general de los niños en edad preescolar, pero a menudo se presenta como una dificultad para entender ciertos sonidos o palabras y / o dificultad para expresarse con palabras. En los niños en edad escolar, la lectura o la ortografía es problemática y pueden aparecer trastornos de aritmética. Un tipo específico de trastorno de la lectura, la dislexia, es bastante común. Se cree que las discapacidades de lectura afectan hasta al ocho por ciento de los niños de escuela primaria.

A menudo pueden aprender adecuadamente una vez tratados con éxito en el TDAH, pero si fuera un problema de aprendizaje se necesitaría un tratamiento específico.

Trastorno de oposición desafiante.

Los niños con esta condición, en la que un niño es demasiado terco o rebelde, a menudo discuten con adultos y se niegan a obedecer las reglas.

El Trastorno de oposición desafiante se define como un patrón de conducta desobediente, hostil y desafiante hacia figuras de autoridad que va más allá de los límites de la conducta normal de la infancia. Esto afecta a la mitad de todos los niños con TDAH, especialmente los varones. Para requerir tratamiento, el desafío del niño debe interferir con su capacidad de funcionar en la escuela, el hogar o la comunidad, y haberse manifestado durante por lo menos seis meses.

Estos niños tienden a actuar de manera que se muestran extremadamente tercos y no conformes, y puede perder los estribos, discutir con los adultos y se niegan a obedecer las reglas. Pueden molestar deliberadamente a la gente, culpan a otros por sus errores, ser resentidos, rencorosos, y vengativos.

Trastorno de conducta.

Esta condición incluye conductas en las que el niño puede mentir, robar, pelear, o intimidar a otros. Pueden destruir la propiedad, irrumpir en casas, o llevar o utilizar armas. Estos niños o adolescentes también corren un mayor riesgo de consumo de sustancias ilegales. Los niños con trastorno de conducta tienen riesgo de meterse en problemas en la escuela o con la policía.

El trastorno de conducta es un patrón más grave de la conducta antisocial que con el tiempo puede desarrollarse en el 20 al 40 por ciento de los niños con TDAH. Se define como un patrón de comportamiento en el que se violan los derechos de otros o las normas sociales. Los síntomas incluyen el comportamiento excesivamente agresivo, el acoso, la agresión física, el comportamiento cruel hacia las personas y los animales domésticos, destrucción de la propiedad, la mentira, el absentismo escolar, vandalismo y robo.

Estos niños corren un alto riesgo de meterse en problemas en la escuela o con la policía. También están en alto riesgo de experimentar con drogas, y más tarde tener dependencia. Necesitan ayuda inmediata, de lo contrario el trastorno de conducta puede convertirse en un trastorno de personalidad antisocial.

Ansiedad y depresión.

Los niños con TDAH también pueden luchar con la ansiedad y / o depresión y el tratamiento para estos problemas puede ayudar al niño a manejar ambos trastornos. Un tratamiento efectivo del TDAH puede reducir la ansiedad o la depresión del niño mediante la mejora de la confianza y la capacidad de concentración.

Trastorno bipolar.

Algunos niños con TDAH también pueden tener esta condición en la que los cambios de humor extremos van de la manía (un altísimo estado de ánimo elevado) a la depresión en períodos cortos de tiempo.

Debido a que hay algunos de los síntomas que pueden estar presentes tanto en el TDAH como en el trastorno bipolar, a menudo es difícil diferenciar entre las dos condiciones. Por esta razón, no hay estadísticas precisas sobre el número de niños con TDAH que también tienen trastorno bipolar.

El trastorno bipolar es una condición definida por los estados de ánimo extremos, que ocurren en un espectro que va desde la depresión debilitante a la desenfrenada manía. Entre estos estados, la persona puede experimentar un rango normal de los estados de ánimo.

Sin embargo, el trastorno bipolar en los niños a menudo implica un ciclo más rápido de los estados de humor extremos, incluso dentro de una hora o menos. Los niños también pueden experimentar los síntomas de manía y depresión al mismo tiempo. Los expertos describen este patrón como una desregulación crónica del estado de ánimo, incluyendo irritabilidad.

Los síntomas que pueden solaparse entre el TDAH y el trastorno bipolar incluyen altos niveles de energía y una menor necesidad de sueño. Pero el estado de ánimo eufórico y grandiosidad -una idea exagerada de superioridad- son signos distintivos del trastorno bipolar.

El síndrome de Tourette.

En ocasiones las personas con TDAH tienen un trastorno neurológico hereditario llamado síndrome de Tourette que por lo general aparece en la infancia y se caracteriza por múltiples tics físicos (motores) y al menos uno vocal (fónico). Estos tics nerviosos y gestos repetitivos pueden incluir parpadeos, tics faciales, muecas, aclaramiento de la garganta frecuente, resoples, oler con frecuencia y monosílabos. Normalmente se pueden controlar con la medicación. Aunque este síndrome es raro, es común que las personas con síndrome de Tourette puedan tener TDAH.

Muy pocos niños tienen este trastorno cerebral, pero entre los que lo hacen, muchos de ellos también tienen TDAH.

Otros

El TDAH también puede coexistir con un trastorno del sueño, enuresis nocturna, abuso de sustancias, u otros trastornos o enfermedades.

Reconocer los síntomas del TDAH y buscar ayuda temprano, conducirá a mejores resultados para los niños afectados y sus familias.

Mientras que algunos pediatras pueden hacer la evaluación por sí mismos, los padres siempre deben pedir una confirmación a un especialista en salud mental.

Este es un cuadro de especialistas:

Especialidad	Puede diagnosticar el TDAH	Puede recetar medicamentos, si es necesario	Proporciona asesoramiento o formación
Psiquiatras	sí	sí	a veces
Psicólogos	sí	no	sí
Pediatras o médicos de familia	sí	sí	no
Neurólogos	sí	sí	no
Trabajadores sociales clínicos	sí	no	sí

Conocer las diferencias en las cualificaciones y servicios ayudará a la familia a elegir a alguien que pueda satisfacer mejor sus necesidades. Hay varios tipos de especialistas capacitados para diagnosticar y tratar el TDAH:

Psiquiatras: Los Psiquiatras son médicos que se especializan en el diagnóstico y el tratamiento de las patologías mentales de la infancia, los trastornos mentales y del comportamiento.

Psicólogos: Los psicólogos infantiles también están capacitados para diagnosticar y tratar el TDAH y pueden proporcionar terapia para el niño y ayudar a la familia a desarrollar maneras de lidiar con el trastorno. Pero no son médicos y deben confiar en el médico del niño para hacer exámenes médicos y prescribir medicamentos.

Neurólogos: Los neurólogos son médicos que trabajan con los trastornos del sistema nervioso y el cerebro, y también pueden diagnosticar el TDAH y prescribir medicamentos. Pero a diferencia de los psiquiatras y psicólogos, a veces no ofrecen terapia para los aspectos emocionales de la enfermedad.

Naturópatas: Los expertos en medicinas alternativas ayudarán a prescribir las sustancias y dietas que consolidarán la curación, aunque deben contar con un diagnóstico preciso realizado por un experto.

CAPÍTULO 5

ENFERMEDADES RELACIONADAS

El TDAH suele estar presente junto a otros problemas de salud mental, como problemas de aprendizaje o trastorno de oposición desafiante. Cuando el individuo se ve afectado por estos trastornos, éstos deben ser tratados en conjunto por un profesional de salud mental calificado o un equipo de profesionales específicamente formados.

Diagnóstico diferencial

Aunque los síntomas de TDAH con hiperactividad pueden parecer algo común en la conducta de muchas personas (como muchos otros síntomas de los trastornos mentales), hay una serie de criterios específicos de diagnóstico utilizados por los profesionales de salud mental capacitados para hacer el diagnóstico.

Los criterios oficiales de diagnóstico para el estado de TDAH es que los síntomas deben ocurrir más allá de la medida en que es normal para la edad de la persona, y debe ocurrir en una variedad de situaciones diferentes (por ejemplo, no sólo la escuela). Para el diagnóstico los síntomas deben haber aparecido antes de los 7 años (en niños), y han continuado durante al menos 6 meses.

Las deficiencias debido a los síntomas de TDAH deben también ser observadas en al menos dos posiciones diferentes, como en la escuela, en el trabajo, en la comunidad, en eventos sociales, o en casa. Por ejemplo, un niño que es demasiado activo en el campo de juego, pero no tiene problemas para concentrarse en su trabajo escolar, puede no ser apropiado para un diagnóstico de TDAH.

Así que las preguntas importantes a considerar antes de un diagnóstico de TDAH se hacen en si los síntomas son:

(a) excesivos en comparación con lo que se esperaría,

 (b) en lugar de más largo plazo que en respuesta a un cambio reciente,

y (c) omnipresente y que limita a un medio ambiente.

En niños

Los signos de un posible trastorno de déficit de atención se pueden notar mucho antes de que el niño comience la escuela. Su falta de atención, hiperactividad e impulsividad pueden ser percibidos porque pierden interés en jugar o ver un programa de televisión, o si el niño corre alrededor y parece completamente fuera de control. Los padres pueden creer que es necesario ponerse en contacto con un pediatra o un psicólogo infantil para someterle a una evaluación de si el comportamiento de su hijo es apropiado para su edad. Esto es inadecuado en la mayoría de los casos y el tiempo define la personalidad del niño, sin que deba ser modificada. Si el niño se comporta dentro de los límites normales, aunque en ocasiones se encuentre inusualmente exuberante o un poco inmaduro para su etapa de desarrollo, es mejor no someterle a terapia. Un diagnóstico alarmista creará la misma enfermedad que se trata de evitar.

A veces es otro adulto afectado quien crea la enfermedad del niño, pues su tendencia al mimetismo hace que copien también los comportamientos defectuosos. De padres nerviosos salen niños nerviosos.

Quienes primero sospechan que un niño puede tener un trastorno de déficit de atención, son las niñeras o profesores. Solamente debe ser tenidos en cuenta a los profesores con experiencia en la enfermedad y en identificar los síntomas del TDAH, sobre todo porque los síntomas son particularmente evidentes en el entorno escolar cuando los profesores han llegado a conocer cómo son los niños cuyo comportamiento es "normal". Algunos trastornos, no obstante, pueden pasarse por alto durante algún tiempo en los alumnos que son aparentemente cooperativos.

Una vez que se consulta al especialista, el profesional comenzará a recopilar información sobre el comportamiento inusual del niño y descartar posibles causas distintas de TDAH, por ejemplo:

> Un cambio repentino en la vida del niño, como la muerte de un familiar cercano, un divorcio o la pérdida del empleo de uno de los padres.

> Convulsiones previamente no detectadas.

> Otros tipos de trastornos médicos que pueden estar afectando el cerebro del niño.

> Problemas de aprendizaje.

> Ansiedad o depresión.

Estos factores por lo general se pueden descartar con la ayuda de los padres y la escuela, pero las pruebas pueden ser necesarias. Junto a esta información, el especialista debe averiguar cómo se está desarrollando actualmente la conducta del niño, y observar en la naturaleza de la casa y la escuela para averiguar si son inusualmente estresantes y caóticas para el niño.

El niño entonces será evaluado directamente, y sus síntomas de comportamiento se observarán en una variedad de ambientes y se compararán con los que figuran en el manual de diagnóstico. El especialista le dará especial atención a la conducta del niño en situaciones que exigen más autocontrol y situaciones ruidosas o no estructuradas, como los partidos. Se observará su respuesta y si necesita atención sostenida para leer, trabajar los problemas de matemáticas, o jugar un juego de mesa.

Estos datos permitirán a los especialistas elaborar juntos un perfil del niño, descubriendo que síntomas muestra, con qué frecuencia y en qué situaciones. Los niños afectados pueden variar según la edad en que comenzaron los síntomas, el patrón de los síntomas -si son crónicos o intermitentes en fases-, y la medida en que interfieren con los aspectos de la vida del niño, como las amistades, las actividades escolares, la vida familiar y las actividades de la comunidad.

Otros problemas relacionados, si existen, pueden también ser identificados durante el diagnóstico.

La evaluación incluirá hablar con los maestros que han enseñado al niño desde que comenzó la escuela. Los formularios de evaluación estándar -conocidos como Escalas de calificación de conducta- se rellenan por los profesores. Los resultados se comparan con lo que se considera "normal".

Las entrevistas también se llevan a cabo con los maestros del niño, los padres y, posiblemente, otros adultos que conozcan bien al niño. Serán interrogados sobre cómo el niño se comporta en muchos lugares, y se puede dar una escala de calificación para marcar la gravedad y la frecuencia de la conducta.

Otras pruebas que se dan a menudo incluyen: ajuste social, la salud mental, la inteligencia y los resultados del aprendizaje.

CAPÍTULO 6

Ayuda no profesional

Los padres

Los niños con TDAH necesitan orientación y comprensión de sus padres y maestros para alcanzar su pleno potencial y tener éxito en la escuela. Antes de que un niño sea diagnosticado, la frustración, la culpa y la ira se acumulan dentro de una familia. Los padres y los niños pueden necesitar ayuda especial para superar los malos sentimientos. Los profesionales de la salud mental pueden educar a los padres sobre el TDAH y cómo afecta a una familia. También ayudarán al niño y a sus padres a desarrollar nuevas habilidades, actitudes y formas de relacionarse entre sí.

Los padres deben aprender a saber cómo usar un sistema de recompensas y consecuencias para cambiar el comportamiento de un niño. Se les enseña a dar una respuesta inmediata y positiva a las conductas que desean fomentar, e ignorar o redirigir los comportamientos que quieren desalentar. En algunos casos, el uso del "tiempo de espera" se puede utilizar cuando la conducta del niño se sale de control. En un tiempo de espera, el niño es retirado de la situación inquietante y se le sienta solo por un corto tiempo para que se calme.

También se anima a los padres a compartir una actividad agradable o relajante con el niño, anotando y señalando lo que el niño hace bien y elogiando las fortalezas y habilidades. También pueden aprender a manejar situaciones de una manera más positiva. Por ejemplo, podrán limitar el número de compañeros de juego a uno o dos, para que el niño no esté demasiado estimulado. O, si el niño tiene dificultad para completar las tareas, los padres pueden ayudarles a dividir las tareas grandes en pasos más pequeños, más manejables. Además, los padres pueden beneficiarse de aprender técnicas de manejo del estrés para aumentar su propia capacidad para hacer frente a la frustración, para que puedan responder con calma a la conducta de sus hijos.

A veces, toda la familia puede necesitar terapia. Los terapeutas pueden ayudar a los familiares a encontrar mejores maneras de manejar las conductas disruptivas y fomentar los cambios de comportamiento. Por último, los grupos de apoyo ayudan a los padres y a las familias a conectarse con otros que tienen problemas y preocupaciones similares. Se suelen reunir regularmente para compartir frustraciones y éxitos, para intercambiar información sobre los especialistas y las estrategias recomendadas, y hablar con los expertos.

Consejos para ayudar a los niños

Programación.

Mantenga la misma rutina todos los días, tanto al levantarse como al acostarse. Incluya un tiempo para hacer cada tarea, jugar al aire libre y actividades en el interior. Ponga bien visible los horarios, por ejemplo en la puerta del refrigerador o en un tablón de anuncios en la entrada. Ponga los cambios en el calendario con la mayor antelación posible.

Organizar los elementos cotidianos.

Tener un lugar para cada cosa, y mantener todo en su lugar. Esto incluye ropa, mochilas y juguetes, así como el material escolar y suministros. Debe pedirle que anote sus deberes y traiga a casa los libros necesarios.

Sea claro y consistente.

Los niños con TDAH necesitan reglas consistentes que puedan entender y seguir. Debe dar elogios o recompensas si se siguen las reglas, pues a menudo reciben y esperan la crítica. Busque un buen comportamiento, y alábelo. Un elogio siempre es más positivo que una crítica; un premio, antes que un castigo.

Colaboración con el colegio

Comience por hablar con el profesor de su hijo, el consejero escolar, o el equipo de apoyo a los estudiantes de la escuela, para comenzar una evaluación. Además, cada Comunidad tiene un Entrenamiento para Padres y Centros de Información que pueden ayudarle a obtener una evaluación. Un equipo de profesionales puede llevar a cabo la evaluación mediante una variedad de instrumentos y medidas.

Una vez que el niño ha sido evaluado, tiene varias opciones, dependiendo de las necesidades específicas. Si se necesitan servicios de educación especial, el distrito escolar debe desarrollar un "programa de educación individualizada", específica.

Si el niño no se considera elegible para recibir servicios de educación especial -y no todos los niños con TDAH tienen derecho- puede conseguir "educación pública gratuita y apropiada", disponible para todos los niños de las escuelas públicas con discapacidad   independientemente de la naturaleza o gravedad de la discapacidad.

Adolescentes con necesidades especiales

La mayoría de los niños afectados continúan teniendo síntomas a medida que entran en la adolescencia y algunos no son diagnosticados con TDAH, hasta que llegan a la adolescencia.   Esto es más común en los niños con síntomas predominantemente de falta de atención, ya que no son necesariamente perjudiciales en el hogar o en la escuela.   En estos niños, el trastorno se hace más evidente a medida que la demanda académica aumenta y las responsabilidades. Para todos los adolescentes, estos años son desafiantes y especialmente difíciles.

Aunque la hiperactividad tiende a disminuir a medida que un niño crece, los adolescentes que continúan siendo hiperactivos pueden sentirse inquietos y tratar de hacer demasiadas cosas a la vez. Pueden elegir las tareas o actividades que tienen un premio rápido, en lugar de aquellas que requieren más esfuerzo, pero proporcionan recompensas tardías. Los adolescentes con déficit de atención buscan actividades en las que sean autosuficientes.

Los adolescentes también se vuelven más responsables de sus propias decisiones de salud. Cuando un niño con TDAH es joven, los padres son más propensos a ser responsables de que el hijo reciba tratamiento; pero cuando el niño llega a la adolescencia, los padres tienen menos control, y las personas con TDAH pueden tener dificultades para seguir con el tratamiento.

Para ayudar a mantenerse sanos y proporcionar la estructura necesaria, los adolescentes deben tener reglas que sean claras y fáciles de entender. Hay que ayudarles a mantenerse enfocados y organizados, tales como la publicación de un anuncio gráfico de tareas y responsabilidades en el hogar.

Los adolescentes con o sin TDAH quieren ser independientes y probar cosas nuevas, y a veces rompen las reglas. En estos casos, la respuesta debe ser lo más tranquila posible. El castigo debe ser utilizado sólo en raras ocasiones. Hay que tener en cuenta que los adolescentes con TDAH con frecuencia tienen problemas para controlar su impulsividad y los ánimos se inflaman. A veces, un tiempo de espera corto puede calmarles.

Las reglas deben ser claras una vez que se establecen, pero la comunicación, la negociación y el compromiso son útiles en el camino. El mantenimiento de los tratamientos, tales como medicamentos y terapia conductual o familiares, también pueden ayudar con la gestión de la enfermedad.

Conducir vehículos

Aunque muchos adolescentes se involucran en conductas de riesgo, los que tienen TDAH, especialmente el TDAH no tratado, son más propensos a asumir más riesgos. De hecho, en sus primeros años de conducción, los adolescentes con TDAH están involucrados en casi cuatro veces más de accidentes de tráfico que aquellos que no padecen la enfermedad. También tienen más probabilidades de causar lesiones en accidentes, y reciben tres veces más infracciones que sus compañeros.

La mayoría de las comunidades usan un sistema graduado de licencias, en las que los conductores jóvenes, con y sin TDAH, pasan un periodo de prueba antes de poder conducir plenamente. Los padres deben asegurarse de que sus hijos adolescentes, especialmente aquellos con TDAH, comprendan y respeten las reglas de la carretera.

Grupos de apoyo

Los grupos de apoyo y autoayuda mutua pueden ser muy beneficiosos para los padres y las personas afectadas, pues la sensación de conexión con otras personas en la misma situación conduce a la apertura, la solución de intercambio y la puesta en común del asesoramiento. Las preocupaciones, miedos e irritaciones pueden ser liberados en un ambiente compasivo, donde los usuarios pueden mostrar con seguridad sus emociones y saber que no están solos.

Además de este tipo de apoyo, los grupos pueden invitar a expertos a dar conferencias y responder a preguntas específicas, así como saber de otros confiables.

Entrenamiento en Habilidades Sociales

El entrenamiento en habilidades sociales enseña los comportamientos necesarios para desarrollar y mantener buenas relaciones sociales, como esperar su turno, compartir juguetes, pedir ayuda, o ciertas formas de responder a las burlas. Estas habilidades no suelen ser enseñadas en el aula o por los padres, y normalmente se aprenden naturalmente por la mayoría de los niños observando y repitiendo otras conductas que ven. Sin embargo, algunos niños -especialmente aquellos con el trastorno por déficit de atención- tienen más dificultades para aprender estas habilidades o utilizarlas adecuadamente.

El Entrenamiento en habilidades sociales ayuda al niño a aprender y usar estas herramientas en un ambiente de prácticas seguras con el terapeuta (o el padre).

Las habilidades incluyen aprender a tener conversaciones con otros, aprender a ver la perspectiva de los demás, escuchar, hacer preguntas, la importancia del contacto visual, lo que el lenguaje corporal y los gestos están diciendo. Se pueden realizar en la consulta de terapia, o los padres pueden aprenderlas y enseñarlas en el hogar. El terapeuta enseña los comportamientos que son adecuados en diferentes situaciones y los nuevos comportamientos se ensayan con el terapeuta. Las pistas que nos dan las expresiones, el tono de la voz, los gestos y las posturas, pueden ser discutidas.

CAPÍTULO 7

Tratamientos

Los tratamientos disponibles en la actualidad se centran en la reducción de los síntomas del TDAH y la mejora de su funcionamiento. Los tratamientos incluyen medicamentos, diferentes tipos de psicoterapia, la educación o la formación, o una combinación de tratamientos.

Los tratamientos convencionales pueden aliviar muchos de los síntomas de la enfermedad, pero no hay cura. Con tratamiento, la mayoría de las personas con TDAH pueden tener éxito en la escuela y llevar una vida productiva. Los investigadores están desarrollando tratamientos e intervenciones más eficaces, y el uso de nuevas herramientas como imágenes del cerebro, para entender mejor el TDAH y encontrar formas más eficaces de tratar y prevenirlo.

Medicamentos

Los estimulantes como el metilfenidato y las anfetaminas son el tipo más común de los medicamentos utilizados para tratar el TDAH. Aunque pueda parecer contradictorio para tratar la hiperactividad un estimulante, estos medicamentos en realidad activan los circuitos cerebrales que apoyan la atención y el comportamiento adecuado, lo que reduce la hiperactividad. Además, algunos medicamentos no estimulantes, tales como la atomoxetina, guanfacina, y la clonidina, también están disponibles. En muchos niños, los medicamentos para el TDAH reducen la hiperactividad y la impulsividad y mejoran su capacidad para concentrarse, trabajar y aprender. Los medicamentos también pueden mejorar la coordinación física.

Sin embargo, la medicación no se aplica a todos los niños con TDAH y lo que funciona para un niño puede no funcionar para otro. Un niño podría tener efectos secundarios con cierta medicación, mientras que otro niño no. A veces varios medicamentos o dosis diferentes deben ser probados antes de encontrar uno que funcione para un niño en particular. Cualquier niño que tome medicamentos debe ser controlado muy de cerca y con mucho cuidado por los cuidadores y médicos.

Los medicamentos estimulantes vienen en diferentes formas, tales como píldoras, cápsulas, líquidos o parche en la piel. Algunos medicamentos también vienen en variedades de liberación de acción corta, de acción prolongada o extendida. En cada una de estas variedades, el ingrediente activo es el mismo, pero se libera de forma diferente en el cuerpo. La versión de acción prolongada o extendida permite a un niño tomar el medicamento una vez al día antes de la escuela, para que no tenga que hacer un viaje diario a la enfermería de la escuela para otra dosis. Los padres y los médicos deben decidir juntos qué medicamento es mejor para el niño y si el niño necesita medicina solamente para las horas de clase o para las noches y fines de semana, también.

¿Cuáles son los efectos secundarios de los medicamentos estimulantes?

Los efectos adversos más frecuentes a corto plazo son disminución del apetito, problemas de sueño, ansiedad e irritabilidad. Algunos niños también tienen dolores de estómago o dolores de cabeza leves. La mayoría de los efectos secundarios son menores y desaparecen con el tiempo, o si el nivel de dosis se baja.

Disminución del apetito.

Asegúrese de que el niño coma alimentos saludables. Si este efecto secundario no desaparece, consulte con el médico. También hable con su médico si hay problemas con el crecimiento del niño o aumento de peso, mientras está tomando ese medicamento.

Problemas del sueño.

Si un niño no puede quedarse dormido, el médico puede prescribir una dosis más baja del medicamento o una forma de acción más corta. El médico también podría sugerir administrar el medicamento a primera hora del día, o detener la dosis por la tarde o por la noche. El empleo de una dosis baja de un medicamento para la presión arterial llamado clonidina a veces ayuda con problemas de sueño. Una rutina consistente de sueño que incluya elementos relajantes, como infusiones tibias, música suave, o actividades tranquilas con poca luz, también puede ayudar.

Efectos secundarios menos comunes.

Unos niños desarrollan movimientos repetitivos o sonidos llamados tics. Cambiar la dosis de la medicación puede hacer que los tics desaparezcan. Algunos niños también pueden tener un cambio de personalidad, como no manifestar sus emociones.

¿Son seguros los medicamentos estimulantes?

Bajo supervisión médica, los medicamentos estimulantes se consideran seguros, pero esta evaluación no siempre es aceptada. Los estimulantes no hacen parecer a los niños como drogados, aunque algunos dicen sentirse ligeramente diferentes o "divertidos".

Los preescolares son más sensibles a los efectos secundarios del metilfenidato, y algunos pueden experimentar tasas medias de crecimiento lento. Los niños muy pequeños deben ser vigilados de cerca mientras estén tomando medicamentos.

Advertencia de la FDA sobre los posibles efectos secundarios poco comunes:

En 2007, la FDA exige que todos los fabricantes de medicamentos para el TDAH desarrollen guías de medicación para los pacientes que contengan información acerca de los riesgos asociados a los medicamentos. Estas guías deben alertar a los pacientes que los medicamentos pueden causar posibles problemas cardiovasculares (corazón y sangre) o psiquiátricos. La agencia pidió que se revisen los datos sobre los efectos secundarios, especialmente en los pacientes con problemas cardíacos existentes por el riesgo ligeramente mayor de accidentes cerebrovasculares, ataques cardíacos y

/ o muerte súbita al tomar los medicamentos. Los estudios publicados recientemente, sin embargo, no han encontrado evidencia de que el uso de estimulantes para tratar el TDAH aumente el riesgo de problemas cardiovasculares.

La revisión de la FDA encontró también un ligero aumento en el riesgo, alrededor de 1 en 1000, de problemas psiquiátricos relacionados con los medicamentos, tales como escuchar voces, tener alucinaciones, convertirse en sospechoso sin motivo, o episodios maníacos (un estado de ánimo excesivamente alto), incluso en pacientes sin un historial de problemas psiquiátricos. La FDA recomienda que cualquier plan de tratamiento para el TDAH incluya una historia clínica inicial, antecedentes familiares y un examen de problemas cardiovasculares y psiquiátricos existentes.

Un medicamento para el TDAH, la atomoxetina, tiene otra advertencia. Los estudios demuestran que los niños y adolescentes que toman atomoxetina son más propensos a tener pensamientos suicidas que aquellos que no lo toman. Un niño puede desarrollar síntomas graves de repente, por lo que es importante prestar atención a la conducta del niño todos los días. Pregunte a otras personas que pasan mucho tiempo con el niño que le diga si notan cambios en su comportamiento.

¿Los medicamentos curan el TDAH?

Los medicamentos químicos actuales no curan el TDAH.   Más bien, controlan los síntomas durante el tiempo que se toman.   Los medicamentos pueden ayudar a que el niño tenga una vida escolar y social satisfactoria. No está claro, sin embargo, si los medicamentos pueden ayudar a los niños a aprender mejor.   La unión con la terapia conductual y de apoyo práctico puede ayudar a los niños y sus familias a hacer frente mejor a los problemas cotidianos.

Sobre el uso de medicamentos

El tipo más común de los medicamentos utilizados para tratar el TDAH se conoce como "estimulante". Aunque pueda parecer inusual para tratar el TDAH con medicación considerada un estimulante, en realidad tiene un efecto calmante en los niños con TDAH. Existen muchos tipos de medicamentos estimulantes disponibles. Algunos otros medicamentos para el TDAH son estimulantes y no funcionan de manera diferente que los estimulantes. Para muchos niños, medicamentos para el TDAH reducen la hiperactividad y la impulsividad y mejorar su capacidad para concentrarse, trabajar y aprender. La medicación también puede mejorar la coordinación física.

Como hemos dicho, lo que funciona para un niño puede no funcionar para otro. Un niño podría tener efectos secundarios con cierta medicación, mientras que otro niño no puede. A veces varios medicamentos o dosis diferentes deben ser juzgados antes de encontrar uno que funcione para un niño en particular. Cualquier niño tomar los medicamentos debe ser monitoreado muy de cerca y con mucho cuidado por los cuidadores y médicos.

Algunos medicamentos también vienen en variedades de liberación de acción corta, de acción prolongada o extendida. En cada una de estas variedades, el ingrediente activo es el mismo, pero se libera de forma diferente en el cuerpo. Los padres y los médicos deben decidir juntos qué medicamento es mejor para el niño y si el niño necesita medicina solamente para las horas de clase o para las noches y fines de semana, también.

La siguiente, es una lista de los medicamentos y la edad aprobada para su uso. Algunos de los medicamentos deben ser recetados por doctores en medicina (por lo general un psiquiatra), y en algunos estados también por psicólogos clínicos, enfermeros psiquiátricos y especialistas en enfermería psiquiátrica avanzados.

Nombre Comercial	Nombre Genérico	Aprobado Edad
Adderall	anfetamina	3 o más
Adderall XR	anfetamina (liberación prolongada)	6 y mayores
Concerta	metilfenidato (de acción prolongada)	6 y mayores
Daytrana	metilfenidato patch	6 y mayores
Desoxyn	clorhidrato de metanfetamina	6 y mayores
Dexedrine	dextroanfetamina	3 o más
Dextrostat	dextroanfetamina	3 o más

Focalin	dexmetilfenidato	6 y mayores
Focalin XR	dexmetilfenidato (liberación prolongada)	6 y mayores
Metadate ER	metilfenidato (de liberación prolongada)	6 y mayores
Metadate CD	metilfenidato (de liberación prolongada)	6 y mayores
Methylin	metilfenidato (solución oral y tabletas masticables)	6 y mayores
Ritalin	metilfenidato	6 y mayores
Ritalin SR	metilfenidato (de liberación prolongada)	6 y mayores
Ritalin LA	metilfenidato (de acción prolongada)	6 y mayores

| Strattera | atomoxetina | 6 y mayores |
| Vyvanse | lisdexamfetamine dimesilato | 6 y mayores |

* No todos los medicamentos para el TDAH son aprobados para su uso en adultos.

NOTAS:

 Liberación prolongada" significa que el medicamento se libera gradualmente de modo que una cantidad controlada entra en el cuerpo durante un período de tiempo.

 "Acción prolongada" significa que el medicamento permanece en el cuerpo durante mucho tiempo.

En conclusión:

Estos medicamentos sólo controlan los síntomas del TDAH en el día en que se toman, por lo que es importante recordar que el trastorno no está realmente curado. Además de la medicación, la terapia conductual, la terapia emocional y el apoyo práctico, también ayudarán a una persona con TDAH frente a las desventajas de la enfermedad.

Cuatro de cada cinco niños con TDAH seguirán necesitando los medicamentos durante la adolescencia, y más de la mitad de los adultos.

Los niños que también tienen el desorden bipolar, y están tomando medicamentos como el litio o Depakote, no deben tomar estos medicamentos.

Las mejoras más significativas se observaron en los niños que hicieron el tratamiento combinado de psicoterapia y medicamentos.

En general, el 30 por ciento de los padres informó de los eventos adversos en los niños, incluidos los estallidos emocionales, dificultad para conciliar el sueño, comportamientos / pensamientos repetitivos, irritabilidad y disminución del apetito. La psicoterapia es una opción obligatoria en los tratamientos.

PSICOTERAPIA

Tenemos varias décadas de investigaciones que demuestran la eficacia de una amplia gama de las psicoterapias en el tratamiento del TDAH en niños y adultos. Nuestra recomendación es acudir preferentemente a la psicoterapia en lugar de la medicación, y sustituir los medicamentos por productos naturales. El empleo de sustancias naturales puede solucionar definitivamente el problema, aunque en un principio se requiere la ayuda de las técnicas psicológicas.

Con la psicoterapia cognitiva-conductual se logra:

Evitar hablar de pensamientos perturbadores y sentimientos.

Explorar los patrones de comportamiento autodestructivo

Aprender formas alternativas para manejar las emociones

Sentirse mejor acerca de sí mismo a pesar del trastorno

Identificar y desarrollar sus puntos fuertes

Responder ante pensamientos malsanos o irracionales

Afrontar los problemas diarios

Controlar la atención y la agresión.

Esta terapia también puede ayudar a la familia a manejar mejor las conductas disruptivas, promover el cambio, así como el desarrollo de técnicas para afrontar y mejorar el comportamiento de su hijo.

La terapia conductual es un tipo específico de psicoterapia que se centra más en las formas de hacer frente a los problemas inmediatos. Se fuerza a pensar en los patrones para hacerles frente directamente, sin tratar de entender sus orígenes. El objetivo es el cambio de comportamiento, como la organización de las tareas o trabajos escolares de una manera mejor, o hacer frente a los acontecimientos emocionalmente intensos cuando se producen. En la terapia de comportamiento, el hijo tendrá que controlar sus actos y recibir recompensas por buen comportamiento, como dejar de pensar en la situación antes de reaccionar.

La psicoterapia también ayudará a una persona con trastorno de déficit de atención a aumentar su autoestima mediante la mejora de la auto-conciencia y evitar la compasión. También ofrece apoyo durante los cambios producidos por la medicación y se hacen esfuerzos conscientes para alterar el comportamiento, y poder ayudar a limitar las consecuencias destructivas del TDAH.

CAPÍTULO 8

EL SÍNDROME EN LOS ADULTOS

Cuando la gente piensa en el trastorno por déficit de atención con hiperactividad (TDAH), por lo general consideran que la infancia de la persona afectada ha sido problemática. Con demasiada frecuencia, el terapeuta insiste una y otra vez en sacar los posibles conflictos traumáticos de la niñez, en la creencia de que todo disturbio presente tiene sus orígenes allí. Sin embargo, una gran parte -entre el 30 y el 70 por ciento- han desarrollado el problema con posterioridad a la infancia.

A finales de 1970, los primeros estudios que se realizaron en el desorden del déficit de atención del adulto se efectuaron sacando a relucir la infancia. Los individuos fueron diagnosticados retrospectivamente en su infancia a través de la evaluación de la entrevista. Y puesto que era la primera vez que se hablaba de ello, se establecieron unas pautas erróneas en la enseñanza posterior. Como resultado, criterios estandarizados equivocados fueron establecidos para ayudar a los especialistas a diagnosticar el TDAH en adultos, llamados Criterios de Utah. Otras herramientas más recientes, como el Conners Rating Scale y la Atención Brown Escala Trastorno de Déficit, combinan datos sobre antecedentes personales y los síntomas actuales.

En general, los adultos que no han sido considerados como afectados por el TDAH, al menos para explicar sus problemas, pueden incluir habilidades de organización pobres, mal uso del tiempo y falta de atención sostenida. Su vida cotidiana puede estar llena de retos que le causan angustia y ser incluidos con el diagnóstico de TDAH les proporciona un gran alivio. La culpa es entonces de la enfermedad.

La conclusión es clara: algunos niños con TDAH continúan teniendo el mismo problema al ser adultos. Y muchos adultos que tienen la enfermedad no lo saben. Pueden sentir que es imposible organizarse, se adhieren a un trabajo, o recordar y mantener las citas. Las tareas diarias como levantarse por la mañana, preparándose para salir de la casa para el trabajo, llegar a tiempo al trabajo, y ser productivo en el trabajo, pueden ser especialmente difíciles para los adultos con TDAH.

Estos adultos pueden tener una historia de fracaso escolar, problemas en el trabajo, o relaciones difíciles o fallidas. Muchos han tenido varios accidentes de tráfico. Al igual que los adolescentes, los adultos con TDAH pueden parecer inquietos y tratar de hacer varias cosas a la vez, la mayoría de ellas sin éxito. También tienden a preferir "soluciones rápidas", en lugar de tomar los pasos necesarios para lograr una mayor recompensa.

Diagnóstico TDAH en Adultos

Dado que los adultos con TDAH no suelen creer que tienen la enfermedad, es posible que un evento específico le active sus sospechas. Para el diagnóstico que debe darse a la edad adulta, el individuo debe tener síntomas que comenzaron hace tiempo y siguen en el presente. Estos pueden incluir la distracción, la impulsividad y la inquietud. El diagnóstico debe ser preciso y es mejor sea realizado por un experto en TDAH de adultos. En él se incluirán una historia personal y con frecuencia implicando la recopilación de información de uno o más parientes cercanos, amigos o compañeros de trabajo de la persona. El especialista querrá comprobar si hay otras afecciones no diagnosticadas (tales como problemas de aprendizaje, ansiedad o trastornos afectivos), y puede recomendar un examen físico, así como las pruebas psicológicas habituales.

Después de haber sido diagnosticado con ADHD, un adulto puede comenzar a dar sentido a los problemas que ha sufrido durante mucho tiempo. Esto puede ayudarle a dejar de lado los malos sentimientos acerca de sí mismo y mejorar la baja autoestima. También puede ayudar en las relaciones cercanas –familia, amigos- al dar a otros una explicación para sus comportamientos inusuales. Para ayudar a enfrentar y superar estos problemas, el individuo podría realizar psicoterapia u otra orientación.

Al igual que los niños, los adultos que sospechan que tienen TDAH deben ser evaluados por un profesional de salud mental autorizado. Sin embargo, el profesional puede tener en cuenta una gama más amplia de síntomas en la evaluación para el TDAH adultos, porque sus síntomas tienden a ser más variados y posiblemente no tan claros como los síntomas que se observan en los niños.

Para ser diagnosticado con la enfermedad, un adulto debe tener los síntomas del TDAH, que comenzaron en la niñez y continúan durante la edad adulta. Los profesionales de la salud utilizan ciertas escalas de evaluación para determinar si un adulto cumple con los criterios diagnósticos para el TDAH. El profesional de salud mental también verá en la historia el comportamiento de la infancia y las experiencias escolares de la persona, y entrevistará a los cónyuges o parejas, padres, amigos, y socios. La persona también se someterá a un examen físico y varias pruebas psicológicas.

Para algunos adultos, el diagnóstico de TDAH puede traer una sensación de alivio. Los adultos que han tenido la enfermedad desde la infancia, pero que no han sido diagnosticados, pueden haber desarrollado sentimientos negativos sobre sí mismos a través de los años. Recibir un diagnóstico les permite entender las razones de sus problemas, y el tratamiento que les permitirá hacer frente a sus problemas con mayor eficacia.

¿Perduran los síntomas?

Los afectados pueden sentir que es imposible organizarse, les cuesta recordar y mantener las citas. Las tareas diarias como levantarse por la mañana, preparándose para salir de casa para el trabajo, llegar a tiempo al trabajo, y ser productivos, pueden ser especialmente difíciles para los adultos con TDAH.

Estos adultos pueden tener una historia de fracaso escolar, problemas en el trabajo, o relaciones difíciles o fallidas. Muchos han tenido varios accidentes de tráfico y al igual que los adolescentes, los adultos con TDAH pueden parecer inquietos y tratar de hacer varias cosas a la vez, la mayoría de ellas sin éxito. También tienden a preferir "soluciones rápidas", en lugar de tomar los pasos necesarios para lograr una mayor recompensa.

¿Cómo se trata el TDAH en adultos?

Al igual que los niños con el trastorno, los adultos con TDAH son tratados con medicamentos, psicoterapia o una combinación de tratamientos.

Medicamentos.

Los medicamentos para el TDAH, incluyen las formas de liberación prolongada, y aunque no son aprobados como terapia específica, a veces se usan antidepresivos. El antidepresivo bupropión, que afecta a la dopamina en el cerebro, aporta beneficios para los adultos con TDAH. Los antidepresivos antiguos, llamados tricíclicos, a veces se utilizan porque afectan a la norepinefrina, una sustancia química del cerebro.

Los estimulantes y otros medicamentos requieren consideraciones especiales. Por ejemplo, los adultos suelen requerir otros medicamentos para problemas físicos, como la diabetes o la presión arterial alta, o para la ansiedad y la depresión. Algunos de estos medicamentos pueden interactuar mal con los estimulantes.

El tratamiento médico tradicional para adultos con TDAH puede ser similar a la de los niños, incluyendo el fármaco Strattera (atomoxetina). Otra categoría útil de los medicamentos para los adultos con TDAH son los antidepresivos como el bupropión que se ha encontrado útil y también puede ayudar a reducir las ansias de nicotina.

Los medicamentos nuevos que no están aprobados para adultos todavía pueden ser recetados por un médico en forma de "off-label".

Aunque no están aprobados por la FDA específicamente para el tratamiento del TDAH, los antidepresivos se usan a veces para tratar a adultos con TDAH. El antidepresivo venlafaxina (Effexor), también se puede prescribir por su efecto sobre la norepinefrina, la sustancia química del cerebro. Y en los ensayos clínicos recientes, el antidepresivo bupropión (Wellbutrin), que afecta a la dopamina en el cerebro, mostró beneficios para los adultos con TDAH.

Las recetas de adultos de estimulantes y otros medicamentos requieren consideraciones especiales. Por ejemplo, los adultos suelen requerir otros medicamentos para problemas físicos, como la diabetes o la presión arterial alta, o para la ansiedad y la depresión. Algunos de estos medicamentos pueden interactuar mal con estimulantes. Un adulto con TDAH debe discutir las posibles opciones de medicamentos con su médico. Estas y otras cuestiones deben tenerse en cuenta cuando se prescribe un medicamento.

Educación y psicoterapia.

Un consejero o terapeuta profesional puede ayudar a un adulto con TDAH a aprender a organizar su vida con herramientas, como un gran calendario o libro de citas, listas, notas de recordatorio, y mediante la asignación de un lugar especial para llaves, facturas, y el papeleo. Las tareas grandes se pueden dividir en pasos más pequeños, más manejables para que la realización de cada parte de la tarea proporcione un sentido de logro.

La psicoterapia, como la terapia cognitivo-conductual, también puede ayudar a mejorar la autoestima. El terapeuta anima al adulto con TDAH a que se adapte a los cambios de vida que vienen con el tratamiento, como por ejemplo pensar antes de actuar, o resistirse a la tentación de asumir riesgos innecesarios.

Nuevas investigaciones

La expansión del conocimiento en genética, la neuroimagen y la investigación del comportamiento, están dando lugar a una mejor comprensión de las causas de la enfermedad, cómo prevenirla y cómo desarrollar tratamientos más efectivos para todos los grupos de edad.

Educación y psicoterapia

La psicoterapia, como la terapia cognitivo-conductual, también puede ayudar a mejorar la autoestima y un cambio sobre la valoración de las experiencias que la han producido. El terapeuta anima al adulto con TDAH a adaptarse a los cambios de vida que vienen con el tratamiento, como por ejemplo pensar antes de actuar, o resistirse a la tentación de tomar riesgos innecesarios.

La psicoterapia puede proporcionar una oportunidad para explorar las emociones relacionadas con el

TDAH, como la ira y puede aumentar la autoestima a través del apoyo de auto-conciencia y la compasión, logrando unos resultados inmediatos antes de que se logren los efectos de la medicación, evitando los efectos destructivos del TDAH.

El terapeuta puede también ayudar a sus pacientes a ver los efectos beneficiosos de los altos niveles de energía, la espontaneidad y el entusiasmo que el tratamiento puede proporcionar.

CAPÍTULO 9

TRATAMIENTO NATURAL

El lector habitual de nuestros libros ya sabe que siempre recomendamos el tratamiento natural de las enfermedades, antes de emplear los medicamentos. Por desgracia, el orden suele ser inverso, y los enfermos acuden a la medicina natural cuando el médico habitual ha fracasado en su intento de curarles. En esta fase de la enfermedad, el organismo suele estar ya muy debilitado y reacciona inicialmente con pobreza ante los tratamientos naturales, por razonables que sean. Es por eso que las personas suelen acusar a la medicina natural de ser lenta en sus efectos. Instamos, pues, al lector y al terapeuta, que empleen sabiamente los productos naturales, en la confianza en que siempre dan buen resultado.

En estas enfermedades objeto de este libro, y puesto que la mayoría de los afectados son niños, insistimos encarecidamente en el tratamiento natural recetado por un buen profesional, antes que en el empleo de psicofármacos. Nada que objetar, por supuesto, ante el tratamiento psicoterápico ni conductual.

AMINOÁCIDOS

Se emplean ciertos aminoácidos, entre ellos los inhibidores, aquellos aminoácidos que actúan como neurotransmisores y que tienen un efecto específico de inhibición en los efectores, particularmente en las neuronas postsinápticas del sistema nervioso. Por ejemplo, el ácido gamma-aminobutírico y la glicina son los típicos aminoácidos inhibidores del sistema nervioso.

GABA (inhibidor)

La primera diferencia entre los aminoácidos inhibidores y los excitadores es que el GABA y la glicina no tienen parecido metabólico ni estructural, como sí ocurre en el caso del ácido glutámico y el ácido aspártico.

El GABA está presente en altas concentraciones en muchas regiones cerebrales. Estas concentraciones son de alrededor de 1.000 veces mayor que las concentraciones de los neurotransmisores monoaminérgicos clásicos en las mismas regiones. Esto está de acuerdo con las acciones potentes y específicas de las neuronas ricas en GABA en estas regiones.

A la vista de la naturaleza ubicua del GABA en el SNC, no sorprende quizá su gran participación funcional. Entre otras posibles implicaciones funcionales del GABA se sugiere que su alteración participa en los trastornos neurológicos y psiquiátricos de humanos, incluyendo la corea de Huntington, epilepsia, alcoholismo, esquizofrenia, trastornos del sueño y la enfermedad de Parkinson. La manipulación farmacológica del GABA es un enfoque efectivo para el tratamiento de la ansiedad y la hiperactividad, y ahora sabemos que las acciones anestésicas depresivas de los barbitúricos provienen de un aumento de la transmisión sináptica inhibitoria mediada por los receptores GABA.

El GABA se sintetiza a partir del ácido glutámico mediante la intervención específica de la ácido-glutámico-descarboxilasa (GAD), un sistema enzimático dependiente del fosfato de piridoxal, exclusivo de mamíferos y presente sólo en el sistema nervioso.

En concreto:

Equilibra, calma, relaja y tranquiliza el sistema nervioso, combatiendo la ansiedad y el estrés.

Induce al sueño y evita el insomnio, ayudando a un profundo reposo sin los efectos secundarios de los somníferos.

Fortalece el sistema inmunitario.

Aumenta el aprendizaje y la memoria.

Favorece la recuperación, tonificación y fortalecimiento muscular.

Regula y evita la hipertensión.

Alivia los trastornos convulsivos de la epilepsia.

Disminuye la sensación de dolor en algunas patologías.

Cuando su nivel es bajo aparecen síntomas de ansiedad, manías, ataques de pánico y dificultad para conciliar el sueño.

GLICINA (inhibidor)

La glicina, por su parte, se forma a partir de la serina, otro aminoácido que a su vez se forma desde el ácido pirúvico, o lo que sería lo mismo, desde la glucosa en la etapa anterior al ciclo de Krebs. El precursor inmediato de la glicina es la serina, que se convierte en glicina por la actividad de la enzima serina hidroximetiltransferasa (SHMT).

La glicina es ampliamente reconocida como uno de los principales neurotransmisores inhibitorios en el SNC de vertebrados, especialmente la médula espinal. Al igual que el GABA, inhibe el disparo neuronal pero con características farmacológicas diferenciales. Entre los antagonistas más característicos se encuentra la estricnina, que se emplea como un potente veneno puesto que bloquea la actividad glicinérgica e impide la relajación de las estructuras esqueléticas.

Los aminoácidos que pueden activar el receptor de glicina, incluyen la b-alanina, taurina, L-alanina, L-serina y prolina.

En concreto:

Actúa como un neurotransmisor tranquilizante en el cerebro.

Tiene una fundamental actividad sobre la función motora ya que es capaz de controlar eficazmente sus funciones. Su deficiencia produce contracciones musculares bruscas y movimientos exagerados.

Es uno de los principales componentes del colágeno por lo que está presente en la restauración de los tejidos.

Es un agente antiácido.

Es capaz de aumentar la liberación de la hormona del crecimiento.

FENILALANINA

Al igual que otros aminoácidos, la fenilalanina la podemos encontrar en forma Levógira o L y Dextrógira o D, según sea que el radical NH2 se encuentre a la izquierda o la derecha. Esta diferenciación es muy importante a la hora de sus aplicaciones terapéuticas, ya que según lo empleemos lograremos resultados diferentes.

En los alimentos lo encontramos como L-Fenilalanina y esta es la forma con la que el organismo es capaz de fabricar nuevas proteínas, siendo la forma D la que habitualmente se encuentra en los vegetales y las bacterias, aunque posteriormente es transformada por el cuerpo en la forma L, quedando una pequeña cantidad que se encuentra como DL, también con distintas aplicaciones.

La forma L-Fenilalanina se encuentra en grandes cantidades en el cuerpo humano, casi siempre unida a otras sustancias que también intervienen como neurotransmisores. Por ello, este aminoácido ejerce una importante función para regular la presión arterial y el consumo de oxígeno, los niveles de glucosa en sangre, las pulsaciones cardíacas, el metabolismo de los lípidos y el buen funcionamiento del sistema nervioso y cerebral. Parece ser que ejerce una labor vital en la memoria y la agudeza mental, así como en los reflejos autónomos de defensa.

Interviene en la producción de la dopamina y la norepinefrina, lo que hace interesante su utilidad para regular los cambios del humor. También actúa sobre el centro hipotalámico del apetito, muy influido por la cantidad de norepinefrina corporal y la hormona colecistokinina.

La otra forma galénica habitualmente encontrada en ciertos compuestos dietéticos, la D-fenilalanina, no puede ser empleada como un precursor de los neurotransmisores ya que incluso puede que anule parte de su acción, lo que explicaría su propiedad de mitigar los dolores de tipo nervioso, como ocurre en las ciáticas y neuralgias. Hay quien asegura incluso que actúa de manera similar a la morfina ya que inhiben ciertos enzimas responsables del dolor.

Una tercera forma galénica que se comienza también a emplear es una mezcla de ambas, la DL-fenilalanina, la cual tiene las propiedades de ambas y no parece tener efectos secundarios. Tal es así que incluso la estamos viendo ya añadida incluso a bebidas refrescantes. Por tanto y si esto es así, la DL-fenilalanina tendría propiedades para suprimir el dolor crónico en las enfermedades reumáticas, estimular la producción de las endorfinas, las cuales influyen en nuestro estado anímico y en la resistencia al cansancio, y hasta serían capaces de prolongarnos la vida.

Su eficacia como antidepresivo está siendo cada vez más estudiada, especialmente en las depresiones de los ancianos y aquellas que aparecen por falta de adaptación al medio. Por tanto, y aunque su efecto antidepresivo sea cierto deberemos tener precaución en utilizarla en enfermos especialmente nerviosos y agresivos, y emplearla solamente en aquellas depresiones que cursen con apatía al entorno social.

Sus acciones en la crisis depresiva podrían estar centradas en tres cambios: incrementar la cantidad de norepinefrina, mejorar la utilización de las endorfinas y estimular la acción de los neurotransmisores. Todo ello sin efectos adversos ni de rebote, por lo que la enfermedad depresiva puede mejorar sensiblemente después de un tratamiento con fenilalanina.

Funciones orgánicas:

> Junto a la Tirosina actúa de manera decisiva en los procesos de pigmentación cutánea.

> Mejora la agudeza mental y la memoria, especialmente en los ancianos.

> Es un moderador del apetito de media mañana.

> Regula el metabolismo de las grasas y de la glucosa, contribuyendo así a controlar el sobrepeso.

> Colabora en la misión de los neurotransmisores nerviosos.

> Ayuda a formar el colágeno y la elastina, actuando, además, como antiinflamatorio en las enfermedades reumáticas.

Síntomas carenciales:

Vitíligo y canicie precoz.

Depresión endógena, ansiedad y falta de interés por el entorno.

Cataratas, congestión ocular.

Aumento de la sensibilidad al dolor, especialmente en las jaquecas y enfermedades inflamatorias.

Alteraciones graves de la conducta.

Aumento desmesurado del apetito con pérdida simultánea de energía.

Pérdida de la memoria y poca capacidad de concentración.

En concreto:

Cualquier alteración en las facultades intelectuales.

Disminución del apetito sexual.

Obesidad.

Artrosis y reumatismos dolorosos.

Inflamaciones traumáticas.

Falta de pigmentación cutánea o capilar.

Dolores en general.

Alteraciones del comportamiento y del carácter.

Para corregir la dismenorrea y aumenta la libido en ambos sexos.

Es un eficaz antidepresivo al estimular la producción de endorfinas y norepinefrina.

Actúa como analgésico general.

Notas de interés

Hoy en día existen numerosos preparados comerciales que contienen Fenilalanina (incluidas cremas bronceadoras,) y aunque no se han demostrado efectos secundarios deben abstenerse de tomarla las personas de carácter agresivo o muy nerviosas, así como los enfermos de fenilcetonuria, una enfermedad metabólica en la cual no se metaboliza la fenilalanina, existiendo siempre un exceso de ella en sangre.

Si se está en tratamiento médico por hipertensión, obesidad, depresiones, fenilcetonuria o antiinflamatorios, es mejor consultar a un médico experto en aminoácidos antes de ingerirla. Como siempre, el embarazo es un estado en el cual no se debe tomar ningún suplemento sin consultar al médico.

Sus efectos se potencian tomando Taurina y Tirosina, así como vitaminas C y B.

ÁCIDO GLUTÁMICO

Uno de los aminoácidos que debe sintetizarse a partir de otros compuestos.

Considerado un elemento esencial en el desarrollo intelectual y memorístico, el ácido glutámico está presente en la mayoría de los preparados farmacéuticos y dietéticos orientados a este fin. Su forma activa, la L-Glutamina, es capaz de atravesar la barrera hemato encefálica e incorporarse inmediatamente a las funciones que le son propias.

El ácido D-glutámico, muy parecido químicamente, no tiene actividad ni como elemento de construcción de las proteínas ni como potenciador del sabor.

Funciones orgánicas:

> Se puede considerar como un componente esencial de todas las funciones cerebrales, ya sea directamente o como precursor de neurotransmisores como el ácido gamma amino butírico.

> Es importante en la regulación del azúcar y de la tolerancia a la glucosa, participando en el metabolismo de los hidratos de carbono y controlando las necesidades orgánicas de consumir azúcar.

> Es un desintoxicante cerebral y regula la producción de amoniaco, especialmente cuando hay consumo excesivo de alcohol o drogas.

> En unión al ácido cítrico interviene en la producción de energía muscular.

> Participa en todas las funciones cerebrales ligadas a la inteligencia, la capacidad de concentración y la memoria en unión a los fosfolípidos.

Mejora la digestión de las proteínas al aumentar la cantidad de ácidos gástricos.

Evita la demencia senil.

Facilita la acción del ácido fólico y trabaja en sinergia con la vitamina B-6 y ácido pangámico.

Participa en la transformación del amoniaco en urea.

En concreto:

Como ya sabemos, los aminoácidos no carenciales como éste no cuentan con una patología específica, pero sus aplicaciones terapéuticas son muy extensas, encontrándose en el mercado dietético multitud de compuestos que lo emplean, básicamente, para mejorar la memoria. Estos son algunas de las aplicaciones más comunes:

Mejorar las facultades intelectuales en niños o en personas sometidas a duros esfuerzos memorísticos. Su forma activa, la L-Glutamina, se puede emplear incluso dos horas antes del estudio.

Prevención de las lagunas mentales y demencias propias de la vejez.

Potenciar los efectos de los antidepresivos, aunque no se debe emplear en casos de angustia o ansiedad ya que puede producir nerviosismo.

Acúfenos

Eliminar la fatiga intelectual.

Aumentar los reflejos en exámenes de tipo físico, como conducir vehículos o pruebas deportivas de concentración.

Curar los efectos tóxicos de las borracheras en unión a la vitamina B-6.

Como preventivo en las náuseas y vómitos del embarazo y para ayudar al buen desarrollo intelectual del feto.

Mala digestión de las proteínas por carencia de ácidos gástricos.

Somnolencia después de las comidas.

Sensibilidad extrema a las bebidas alcohólicas, incluidas las de baja graduación.

Deliriums tremens y alucinaciones.

Drogadicción en general.

Para quitarse el hábito de beber café o té.

Trastornos del lenguaje en los niños como timidez, tartamudeo, autismo o pesadillas.

GLUTAMINA (Forma activa del ácido glutámico)

Aunque la Glutamina no es un aminoácido esencial (se obtiene a partir del ácido glutámico), pues puede ser sintetizado por el organismo, en casos de quemaduras o trabajo físico intenso, en los cuales se reducen sus niveles plasmáticos, se produce un gran aumento de sus necesidades.

Al tratarse de un componente esencial para facilitar el transporte del nitrógeno por el organismo, fundamentalmente entre el músculo (principal lugar de síntesis), el pulmón y el riñón, su función es quizá más importante que en la mayoría de los aminoácidos.

La glutamina se diferencia de otros aminoácidos en que tiene dos grupos amino: un grupo primario alfa-amino y un grupo amida adicional. Debido a la polaridad del grupo terminal amida, la glutamina es rápidamente hidrolizada produciendo glutamato y amonio, constituyendo una reacción clave en el intercambio de nitrógeno en el organismo. En las situaciones de estrés y en las infecciones hay una captación tisular incrementada de glutamina, fundamentalmente por parte del hígado, linfocitos y macrófagos.

La concentración de la glutamina en el interior de la mucosa de la célula intestinal es baja comparada con la de las células musculares y hepáticas, pero en estados catabólicos la captación de glutamina por el intestino aumenta, así como su liberación, por parte de la musculatura esquelética. Proporcionar glutamina como complemento nutricional puede acelerar la curación del daño intestinal secundario a la quimio y radioterapia, reduciendo la mortalidad.

Los estudios han demostrado que la glutamina usada en nutrición produce:

Reducción en el número de infecciones.

Mejoramiento del balance nitrogenado y estímulo de la síntesis proteica.

Mejoría de la respuesta inmunitaria.

Aumento de los niveles de insulina y producción de arginina.

Previene el deterioro muscular. Útil en casos de flacidez muscular.

Aumenta los niveles de ATP (Adenosin Trifosfato).

Aumenta los niveles de la hormona de crecimiento.

Reduce los niveles de estrés muscular causados por el ejercicio intenso.

Reduce el nivel de enfermedades comunes en los deportistas.

Neutraliza el efecto destructivo causado por los corticoides sobre el tejido muscular durante los periodos de entrenamiento intenso.

Todos estos beneficios pueden ser debidos probablemente a que la glutamina incrementa la formación de glutatión, estimula la utilización de las proteínas, actúa como precursor de la arginina y tiene un impacto positivo en la concentración celular de ATP.

Se recomienda efectuar una mezcla con ácidos grasos poliinsaturados omega 3, glutamina, ácido glutámico, cisteína, aminoácidos de cadena ramificada, Beta carotenos, vitamina C y fibra, en caso de infecciones intestinales severas.

TAURINA (inhibidor)

La taurina es un aminoácido neutro en cuya composición entra a formar parte el azufre. Su nombre se deriva de Bos Taurus (bilis de buey) de la cual fue por primera vez aislada hace más de 150 años. La Taurina difiere de la mayoría de los otros aminoácidos, en que no se incorpora a las proteínas. Existe como un aminoácido libre en la mayoría de los tejidos animales y es uno de los aminoácidos más abundantes en el músculo, las plaquetas, y en el sistema nervioso en desarrollo. Se sintetiza a partir de la cisteína, que es otro aminoácido azufrado.

Parece que su papel inhibitorio se reduce a una actuación en la médula espinal, como la glicina. En comparación con la intensa actividad inhibitoria del GABA en el cerebro, la taurina solo tiene una débil acción depresora. Además de como neurotransmisor, actúa como un regulador de la sal y del equilibrio del agua dentro de las células y como un estabilizador de las membranas celulares. La taurina participa en la desintoxicación de químicos extraños y también está involucrada en la producción y la acción de bilis.

Se ha demostrado que la taurina posee una gran eficacia en el tratamiento de varias enfermedades comunes que luego veremos.

Aunque no está considerado un aminoácido básico en la alimentación humana, lo cierto es que sus aplicaciones terapéuticas son tan importantes que obligan a incluirlo en un libro sobre nutrientes esenciales. La taurina se encuentra principalmente en las áreas de alta actividad eléctrica, tales como el ojo, el cerebro y el corazón. La función más importante es estabilizar las membranas de las células nerviosas. Si la membrana de la célula está eléctricamente inestable, la célula nerviosa puede activarse con demasiada rapidez y erráticamente, lo cual puede causar algunas formas de epilepsia. Otra teoría de la epilepsia sostiene que es causada por cantidades anormales de ácido glutámico en el cerebro. De acuerdo con esta teoría, la taurina trabajaría normalizando los niveles de ácido glutámico.

Algunos estudios han demostrado que la falta de taurina durante las 2 primeras semanas de vida afecta permanentemente el nivel de algunos aminoácidos en el cerebro. El nivel aumentado de ácido glutámico puede hacer a un organismo más propenso a las crisis convulsivas durante ciertas situaciones de estrés, tales como una fiebre alta, estimulación excesiva, trauma, cambios dietéticos o cualquiera de estas circunstancias en combinación con factores genéticos o daño cerebral. Sin embargo, existe controversia a este respecto, puesto que hay trabajos que han encontrado que la taurina no produce beneficio ninguno en algunos casos de epilepsia. Se requiere de investigación adicional para determinar cuáles de los muchos tipos de epilepsia que existen, pueden responder a la taurina y cuáles son las dosis óptimas.

También se han hecho estudios en relación con el uso de la taurina en el síndrome de abstinencia del alcohol con resultados muy positivos en lo tocante al desarrollo de algunos de los síntomas más graves de este tipo de trastorno, tales como el delirio y las alucinaciones. La taurina también disminuye las molestias en el síndrome de abstinencia por adicción a la morfina.

Funciones orgánicas:

Aunque es sintetizado a partir de la metionina y la cistina, se puede encontrar en cantidades muy altas en la carne de buey y toro, así como en la leche materna o bovina.

En relación a las enfermedades cardíacas, podemos decir que la taurina comprende más del 50% de los aminoácidos libres en el corazón. La taurina mejora la fuerza del músculo del corazón, previniendo el desarrollo de cardiomiopatías.

En las enfermedades oculares, se sabe que existen altas concentraciones de taurina en la retina del ojo, donde parece que funciona como un *buffer celular* protegiendo a las células retinales de los efectos dañinos de la luz ultravioleta y las sustancias tóxicas.

Este aminoácido resulta eficaz también en el tratamiento de la diabetes y en los cálculos biliares, donde la taurina es un componente normal de la bilis (no hay que olvidar que la glicina y la metionina son los otros aminoácidos esenciales para funcionamiento adecuado de la vesícula biliar). Se sabe que la taurina se enlaza a ciertas sales biliares, y por ello mejora su habilidad para digerir la grasa. Los estudios animales han demostrado que la complementación con taurina puede inhibir la formación de cálculos biliares, aunque aún no ha sido probado en humanos.

Otro ejemplo de la importancia de la taurina lo encontramos en la fibrosis quística, una enfermedad que frecuentemente conduce a una deficiencia de ácidos grasos esenciales y otros nutrientes solubles en grasa. Estas deficiencias pueden a veces ser corregidas mediante la administración de enzimas pancreáticas. Sin embargo, algunos pacientes con fibrosis quística también tienen una anormalidad de la función biliar que resulta en una mala absorción de las grasas. Esta anormalidad parece ser debida en parte a una deficiencia de taurina, la cual juega un papel clave en la acción digestiva de la bilis.

Otra enfermedad en la que puede emplearse la taurina como terapia nutricional es en la epilepsia, donde se ha demostrado que la taurina disminuye la frecuencia de las crisis convulsivas de la epilepsia en varios modelos animales. La taurina ha demostrado también una *actividad anti-epiléptica definitiva potente y de larga duración* en un grupo de epilépticos que no respondieron a los medicamentos convencionales. Este efecto antiepiléptico fue visto en la taurina a dosis entre 200 y 1500 mg. al día.

En lo referente a su toxicidad, la taurina es generalmente bien tolerada. No se conocen serios efectos colaterales a las dosis terapéuticas usuales de 1-3 gramos al día. Los pacientes con enfermedad hepática han sido tratados con hasta 18 gramos de taurina durante 6 meses (para aliviar los calambres musculares, dolorosos), sin problemas aparentes. Sin embargo, y a pesar de los muchos estudios clínicos, la verdad es que la dosis óptima de taurina no se conoce. Los médicos orientados en la nutrición generalmente prescriben de 500 a 1000 mg 2 a 3 veces al día, para adultos.

En palabras sencillas podemos afirmar a modo de conclusión que se ha demostrado que la taurina es segura y también es un tratamiento efectivo para la insuficiencia cardiaca congestiva. La investigación adicional sugiere que puede ayudar a prevenir la degeneración macular (relativa al ojo), los cálculos biliares, y las complicaciones de la diabetes. La taurina mejora la absorción de grasas en algunos individuos con fibrosis quística y puede prevenir las crisis epilépticas en algunos casos, pero la investigación es conflictiva. Los vegetarianos, los ancianos y la gente con síndromes de mala absorción pueden necesitar taurina adicional.

Otros efectos:

Es un factor importante en la formación de hormonas femeninas, en especial los estrógenos.

En la niñez parece ser muy importante en el desarrollo intelectual, la potencia muscular y el correcto funcionamiento de los músculos oculares. Estas funciones se cree que no son tan importantes en la edad adulta, quizá porque entonces el organismo ya puede metabolizar cantidades suficientemente altas de taurina como para cubrir las necesidades.

Estabiliza la excitabilidad nerviosa en la infancia e impide su alteración o degeneración.

Mantiene el líquido encéfalo raquídeo en suficiente cantidad y buen estado.

Se comporta como un neurotransmisor modulador.

Disuelve las grasas corporales y ayuda a la formación de la bilis.

Controla los niveles de colesterol a través de su acción sobre la vesícula biliar.

Regula la agregabilidad plaquetaria, mejorando la circulación sanguínea en las arterias de pequeño calibre.

Ayuda al buen metabolismo del calcio.

Mejora las funciones endocrinas en general y tiene un positivo efecto antienvejecimiento.

Interviene en el intercambio iónico sodio y potasio.

Es un factor de tolerancia hacia la glucosa.

Mejora el cociente intelectual en los niños.

Estimula la producción de linfocitos y fagocitos.

Evita la degeneración cerebral en la vejez.

En concreto:

Todas las alteraciones oculares, incluida la miopía.

Las jaquecas, migrañas y acúfenos.

Las distrofias musculares y para potenciar el desarrollo muscular.

En la diabetes en unión al zinc y el cromo.

En las alteraciones mentales de la infancia y la degeneración cerebral del anciano.

Para mejorar las funciones biliares y luchar contra el exceso de colesterol.

Como tratamiento complementario de la epilepsia del niño.

Como protector hepático y cardiaco.

INOSINA (Meso inositol)

No es un aminoácido, sino un nucleósido relacionado con la formación de purinas. Este compuesto también podría incrementar el uso del oxigeno, permitiendo que tanto los atletas de fuerza como de resistencia, puedan verse beneficiados por la suplementación con este compuesto al aumentar los niveles de ATP en el músculo.

Aunque era ya conocido hace muchos años, fue en el año 1940 cuando ya se le consideró un factor esencial en la dieta, similar al resto de las vitaminas.

Químicamente es parecido a los hidratos de carbono con sus nueve formas isoméricas posibles, aunque la forma biológicamente activa es el meso inositol. Se trata de una sustancia incolora, cristalina, hidrosoluble, insoluble en disolventes orgánicos e íntimamente relacionada con la glucosa, por lo que en muchos productos dietéticos se le presenta como un azúcar energético sin efectos secundarios. En forma natural lo encontramos en los frutos secos, los granos de cereales, las legumbres, las verduras y las vísceras.

Funciones orgánicas:

Aunque todavía no se conoce con precisión su función metabólica, parece ser que es un factor de crecimiento importante, al menos en los animales de laboratorio y que es un componente esencial de los fosfolípidos.

Un detalle muy controvertido es su acción antimetabólica, impidiendo la absorción del calcio y el hierro de la dieta al encontrarse en su forma natural como ácido fítico (fitina) o liposterol. Este compuesto es efectivamente un bloqueante de esos dos minerales pero solamente en su estado primitivo, ya que cuando se ingiere es inactivado por los jugos gástricos, transformándose ya en inositol.

En concreto:

Aunque no se le conocen enfermedades carenciales, ya que se encuentra ampliamente distribuido por toda la naturaleza, se puede utilizar para un mejor aprovechamiento de los fosfolípidos de la dieta, mejorando así la absorción de grasas, evitando la acumulación de lípidos en el hígado, especialmente si lo asociamos a la colina.

También parece ser que tiene un buen efecto antialopécico y que estimula el crecimiento infantil. Algunos autores han señalado que su carencia estaría relacionada con la pérdida del pelo de las cejas y las pestañas.

Con el paso de los años las reservas de inositol parecen descender y ello se nota en una disminución en la transmisión de los impulsos nerviosos, lo que motiva reacciones más lentas. Además, también disminuye la cantidad que normalmente se encuentra en el semen, lo que quizá explique algunas infertilidades.

COLINA

La colina es una amina, constituyente de los fosfolípidos de alimentos de origen vegetal y animal. Precursora de la acetilcolina, se comporta como un neurotransmisor y de las lipoproteínas encargadas del transporte de lípidos. Existe la hipótesis de que podría aumentar el rendimiento y la ejecución mental y física.

Considerada como un factor más del complejo vitamínico B a partir de 1932, la Colina tiene detrás de sí muchos años de investigación aunque se tardó bastantes años en considerarla un factor esencial en la dieta de las personas.

Químicamente es una base orgánica fuerte, distribuida ampliamente en la naturaleza, bien sea en forma pura o como fosfolípido en la acetilcolina. Aunque no parece actuar como catalizador, ya que es un componente estructural de igual manera que los aminoácidos y los ácidos grasos no saturados, es una fuente importante para construir otras moléculas más complejas.

Se integra en los compuestos grasos que contienen fósforo y se la requiere en el mecanismo corporal que transforma las grasas desde su lugar de almacenamiento al de su uso.

Tiene estructura cristalina incolora y muy higroscópica, de fuerte sabor amargo, soluble en agua y estable al calor, estando presente en la mayoría de los tejidos animales. Cuando existen compuestos metilo lábiles, como la betaína o metionina, en proporciones adecuadas, la colina se sintetiza en cantidad suficiente para las necesidades normales, aunque no por ello se la debe considerar una vitamina.

El organismo la puede sintetizar a partir del aminoácido serina si hay suficiente cantidad de metionina, vitamina B-12 y folacina, aunque quizá esta forma no sea suficiente para cubrir las necesidades diarias.

Funciones orgánicas:

Se convierte en betaína (un importante donador en funciones de transmetilación) y en forma de acetilcolina es un mediador en la transmisión nerviosa.

Previene la acumulación de cantidades anormales en el hígado, aumenta la producción de fosfolípidos, es un factor de crecimiento para el metabolismo de muchos microorganismos y tiene un papel decisivo en las funciones musculares, nerviosas y en la estructura celular, así como en el transporte de los triglicéridos.

Forma parte de los fosfolípidos como la lecitina y esfingomielina, por lo que su presencia es imprescindible para las buenas funciones cerebro y nerviosas.

Evita la formación de cálculos biliares y previene la degeneración hepática.

Mejora la capacidad intelectual, el aprendizaje y la memoria.

Enfermedades carenciales:

Su carencia determina infiltración grasa del hígado, especialmente en el alcoholismo y la carencia de proteínas. Este efecto es mucho mayor si la dieta tiene carencia de hidratos de carbono.

Su carencia aguda produce degeneración hemorrágica de los riñones y lesiones en la articulación tibio tarsiana.

En concreto:

> Se utiliza ampliamente para el tratamiento de todas las afecciones grasas del hígado y en la arteriosclerosis, ya que impide que se formen depósitos grasos en las paredes vasculares. Las necesidades diarias están establecidas entre 300 y 1.000 gramos diarios y la dosis terapéutica apenas si es superior a los 10 mg/día.

> Alteraciones en la coagulación sanguínea, mala circulación y cardiopatías.

Envejecimiento cerebral precoz, enfermedad de Alzheimer, demencia senil y parkinsonismo.

Riesgo de trombosis.

L-ACETIL CARNITINA

Se trata de un acetilado procedente de la L-Carnitina. Una porción de la L-carnitina se convierte en ALCAR después de la ingestión en los seres humanos.

La función principal es la transferencia de ciertas moléculas del cuerpo solubles en grasa hacia membranas dentro de las células para descomponer estas moléculas y usarlas en el ciclo de Krebs. En los seres humanos, la L-carnitina se sintetiza en el hígado, riñones y cerebro, para ser transportada de manera activa a otras áreas del cuerpo.

Usos medicinales:

Es eficaz en la angina crónica estable, la claudicación intermitente, los bajos niveles de oxígeno en los tejidos y la baja motilidad espermática.

En bebés prematuros podría ayudar al mantenimiento o incremento del peso.

La absorción de la L-AC es superior a la L-carnitina en términos de biodisponibilidad que mejora con el sodio. La L-Carnitina mejora su absorción en presencia de carbohidratos.

En concreto:

Antioxidante cerebral.

Neuroprotector en los casos de isquemia cerebral.

Lesiones del nervio periférico, así como de la médula espinal.

Enfermedad de Parkinson.

Motilidad espermática.

Enfermedad de Peyronie.

Enfermedades cardíacas.

Depresión en el anciano.

Hiperactividad, junto con retraso mental, autismo y alteraciones en la apariencia.

Trastorno de déficit de atención.

Diabetes tipo 2.

Neuropatía diabética.

Colesterol alto.

Síndrome de fatiga crónica.

Hipertiroidismo

MINERALES

MAGNESIO

Es el cuarto catión más abundante en el organismo, siendo su contenido corporal de 2.000 mEq en un varón de 70 kilos, encontrándose casi la mitad en el hueso, no siendo fácilmente intercambiable con el que se encuentra en el líquido encefalorraquídeo que contiene apenas un 1% del total. El resto, ese 49%, se encuentra distribuido intracelularmente.

La concentración idónea del magnesio corporal se mantiene gracias a la ingesta alimentaria y al control renal e intestinal que se realiza, en parte controlado por la hormona PTH, la cual como sabemos también regula la cantidad de calcio. En caso de poca ingesta la eliminación fecal e intestinal prácticamente es nula, aunque esta facultad de regularlo se altera si la dieta es muy alta en fósforo y calcio.

El 30% del magnesio orgánico se encuentra ligado a proteínas, dependiendo esta unión del pH.

En la naturaleza se encuentra normalmente como carbonato de magnesio, siendo uno de los minerales más abundantes de la corteza terrestre ya sea como la forma anteriormente dicha o como magnesita, dolomita, carnalita o epsomita.

Funciones corporales:

Activa una gran variedad de enzimas, entre ellas la fosfatasa alcalina y el trifosfato de adenosina.

Estabiliza la estructura macromolecular del ADN y del ARN.

Es necesario para la actividad del pirofosfato de tiamina, la forma activa de la vitamina B-1.

Interviene en el metabolismo del calcio y el fósforo.

Tiene un papel esencial en la contracción muscular.

Es cofactor en el metabolismo de la vitamina B-2.

Favorece el crecimiento estatural de los niños.

Tiene funciones similares al calcio, aunque son antagonistas si se encuentran en cantidades excesivas.

Evita la formación de cálculos de oxalato cálcico en los riñones.

Regula la temperatura corporal.

Es cofactor en la producción de diversas hormonas.

Su presencia es esencial en la transmisión de los impulsos nerviosos.

Facilita la relajación muscular.

Mantiene los huesos, articulaciones, cartílagos y dientes en buen estado.

Regula el azúcar y el colesterol presentes en la sangre.

Mantiene las contracciones cardiacas y regula su excitabilidad.

Causas de su carencia

Alimentos procesados y congelados.

Consumo de cereales refinados y blanqueados.

Utilización de azúcar y sal refinadas.

Consumo cotidiano de salvado y otros estimulantes del peristaltismo intestinal.

Elevado consumo de suplementos de fósforo, calcio y vitamina D, sin que contengan también magnesio.

Diarreas crónicas, colon irritable, enfermedad celíaca o toma de laxantes, aunque sean naturales.

Administración hospitalaria de sueros gluco-salinos.

Dietas por obesidad.

Tratamiento con fármacos como la insulina, corticoides, píldoras anticonceptivas, mezclas de aminoácidos, diuréticos, antineoplásicos, antibióticos, digoxina o derivados del digital, aldosterona o tiroxina.

Alcoholismo.

Necesidades aumentadas por enfermedades como el cáncer, cirugía, shock, astenia aguda, sudoración abundante, insuficiencia paratiroidea, cirrosis hepática, insuficiencia cardiaca, nefrosis, enteritis, alergias y estrés.

Lactancia.

Malnutrición proteico-calórica.

Síntomas de deficiencia

Los síntomas no suelen ser aislados y se encuentran asociados a otras carencias nutritivas. Los síntomas centrados en el sistema nervioso se parecen a los que se dan cuando hay intoxicación por *curare* y consisten en irritabilidad muscular y nerviosa. También se dan anorexia, náuseas, vómitos, letargo, debilidad, alteraciones de la personalidad, temblores y signos neurológicos similares a la hipocalcemia e hipokalemia (potasio).

El electromiograma registra alteraciones miopáticas (musculares) y si se trata de niños puede haber convulsiones muy generalizadas.

También puede darse:

Insomnio.

Debilidad y astenia.

Dolores articulares.

Contracciones musculares dolorosas.

Espasmos en músculos pequeños, como los párpados.

Muecas, calambres y tic nerviosos.

Dificultad en mantener los pies quietos.

Síndrome de raíz cervical.

Estreñimiento.

Falta de coordinación muscular y poca destreza para el ejercicio.

Entumecimiento de las extremidades.

Episodios epilépticos.

Mala memoria.

Taquicardias.

Dificultad para tragar, con vómitos frecuentes por espasmo del esófago.

Dismenorreas.

Alteraciones de la personalidad como esquizofrenia, depresiones suicidas y ansiedad.

Miedo al futuro.

Ataxias.

Verrugas, papilomas, acné, eczemas y psoriasis.

Reumatismo.

Exceso de magnesio

Aunque poco frecuente dada su gran eliminación, pueden darse casos en personas que toman medicamentos para combatir la acidez gástrica durante años o que utilizan suplementos dietéticos para mejorar su artrosis. También pueden darse casos de sobredosis en pacientes con insuficiencia renal.

La sobredosis produce alteración generaliza de la transmisión neuromuscular como consecuencia de la inhibición de la acetilcolina. Los reflejos tendinosos están disminuidos, hay hipotensión arterial, depresión respiratoria y diarreas. De no interrumpirse el tratamiento puede producirse parada cardiaca.

El tratamiento de urgencia consiste en administrar gluconato cálcico para contrarrestar todas las alteraciones, incluida la depresión respiratoria.

Aplicaciones no carenciales

Aunque el carbonato y el cloruro de magnesio son las formas dietéticas más habituales, es mejor ingerirlo como dolomita, aspartato de magnesio o quelato de magnesio, ya que a su gran absorción hay que añadir su poco efecto como laxante o irritativo gástrico.

En concreto:

Neuralgias.

Inquietud, hiperactividad.

Espasmos nerviosos.

Cefaleas.

Cólicos intestinales.

Calambres estomacales.

Tos convulsiva.

Dismenorreas.

Arteriosclerosis.

Arteritis obliterante.

Flebitis después del parto.

Trombosis.

Colitis amebiana.

Dispepsias y aerofagia.

Litiasis biliar.

Adenoma de próstata.

Cistitis de repetición.

Frigidez sexual.

Gota.

Fragilidad del cabello.

Dientes frágiles.

Otitis infecciosa.

Piorrea alveolar.

Catarros, asma, enfisema.

Opacidad del cristalino.

Preventivo del cáncer.

Psoriasis y vitíligo.

En resumen:

En la preeclampsia, el alcoholismo, la depresión, el estrés, el nerviosismo, en los trastornos del ritmo cardíaco, en los trastornos prostáticos, en las enfermedades autoinmunes y en el cáncer. Algunos casos de angina de pecho se han beneficiado con el uso prolongado. También es de utilidad, aunque no existan carencias manifiestas, en el exceso de colesterol, depresión, cálculos renales, hiperplasia prostática, acidez estomacal, colitis, sobrepeso, mala nutrición proteica, protección contra enfermedades cardíacas (arritmias y preventivo luego de un infarto). Artritis, artrosis y osteoporosis, síndrome de fatiga crónica, enfermedades autoinmunes y cáncer. PMS (Síndrome premenstrual), todo tipo de cólicos, parodontitis compleja, enfisema, afecciones hepatobiliares, hipertensión, astenia, neuritis, retrasos del crecimiento. Distonías neuro-vegetativas, colitis crónica, dermatosis. Actúa en la irritabilidad, cansancio, calambres, palpitaciones, preserva la tonicidad de la piel, disminuye el deseo de azúcar y evita la deshidratación.

YODO

En 1811 fue identificado este mineral en las algas marinas fucus y empleado para el tratamiento del bocio endémico por el médico Coindet en 1820. Unos años más tarde, en 1831, el doctor Boussingault confirmó la relación entre el bocio y la carencia de yodo, afirmando que las zonas costeras estaban a salvo de dicha enfermedad por comer abundante pescado. También descubrió que el agua de Antioquía era muy rica en yodo, aunque todavía no aclaró todas las dudas de sus colegas. Anteriormente, en el siglo XVII, ya se utilizaban las esponjas de mar como medicamento para el tratamiento del bocio.

La demostración científica de que la carencia de yodo producía el bocio fue confirmada sin lugar a dudas en 1933 por el Dr. Marine, quien ya estableció la dosis diaria necesaria para la prevención de la enfermedad. Paralelamente a ello se analizó la presencia de yodo en 110 especies vegetales y en numerosos animales marinos, así como su acumulación en la glándula tiroides formando parte de la hormona tiroxina.

Funciones orgánicas

Con una cantidad total que oscila entre los 20 y los 50 mg de yodo, el 80% concentrado en el tiroides como tiroglobulina, este mineral cumple una misión esencial y única en el metabolismo humano. El yodo ingerido es concentrado activamente por el tiroides para ser convertido en yodo orgánico por acción de una peroxidasa y posteriormente incorporado en la tiroxina de la tiroglobulina. Una parte de las tiroxinas son privadas de yodo en el tiroides, penetrando éste en los depósitos glandulares para su reutilización, difundiéndose la mayor parte por la sangre donde se incorporarán a ciertas proteínas.

El yodo está relacionado de alguna manera con al menos 100 procesos enzimáticos controlados por el tiroides, entre ellos:

> Controlar la energía metabólica de las células.

Participar en el crecimiento estatural de los niños.

Favorecer el desarrollo intelectual y afectivo.

Actuar sobre el metabolismo de las grasas de manera definitiva.

Controlar todos los procesos de asimilación y utilización de los minerales y el agua.

Favorecer el crecimiento sano de la piel, los cabellos y las uñas.

Actuar sobre el sistema circulatorio.

Trabajar en conjunto con el resto de las glándulas endocrinas, especialmente la hipófisis y las gónadas.

Actuar sobre el sistema neuromuscular.

Activar la síntesis de la melanina.

Facilitar la conversión de los carotenos en vitamina A.

Participa en el metabolismo de las proteínas y los carbohidratos.

Estimula la síntesis del colesterol.

Procedencia natural

Agua fresca, aunque oscila mucho la cantidad según la región.

Alimentos vegetales regados con agua de manantial.

Algas marinas de todo tipo, especialmente laminarias y fucus.

Los moluscos, mariscos, crustáceos y pescados marinos en general.

El berro y otras plantas acuáticas cercanas a manantiales.

El ajo y la cebolla.

Los cereales integrales y la cascarilla del arroz.

Las hortalizas de hoja verde.

Los alimentos lácteos.

La levadura de cerveza.

Los frutos secos.

El pomelo, el limón, la piña y numerosos frutos tropicales.

Sal marina sin refinar. Existe en el mercado una sal, denominada yodada, que no se pueden considerar una forma natural de ingerir yodo, ya que se trata simplemente de sal refinada a la que se ha añadido yodo inorgánico.

Aceite de hígado de bacalao.

Sustancias que bloquean al yodo

En cuanto a los medicamentos tenemos al ácido aminosalicílico, las sulfonilureas, resorcinol tópico (empleado en pomadas contra el acné), percloratos y el litio.

Los alimentos causantes del bocio son: los nabos, las coles, los repollos, los frijoles, la mostaza y las nueces. La causa parece estar en un bloqueo del yodo circulante en sangre, el cual no puede ser absorbido por la glándula tiroides. Este efecto puede extenderse incluso a animales que consumen mucha col rizada y consecuentemente a la persona que tome la carne o la leche de ese animal.

Causas de deficiencia

La carencia de yodo y por ello el bocio endémico, sigue siendo una enfermedad que la padecen nada menos que 200 millones de personas en el mundo entero, especialmente en Colombia, valles del Himalaya, norte de España y casi toda Sudamérica. También se siguen dando casos en Suiza y Estados Unidos.

De una manera resumida podemos decir que las causas pueden estar en tomar una alimentación deficitaria, bien sea por escasa o por no consumir alimentos marinos. En el caso de los congelados se considera que se pierde al menos un 50% del yodo presente en ellos, especialmente en el agua que posteriormente se tirará. Este efecto es lo mismo que hervir pescado crudo y luego tirar el agua de la cocción.

Una forma sencilla de consumir yodo es tomar suplementos de algas marinas (Kelp, fucus o laminarias), bien sea en pastillas o simplemente incorporándolas a los alimentos.

Aplicaciones terapéuticas del yodo

Este mineral tan importante para la salud exige, sin embargo, un mayor control a la hora de dosificarlo, ya que un exceso o una utilización inadecuada pueden producir trastornos serios. Por ello y ante la duda, lo mejor es tomar alimentos que sepamos contienen suficiente cantidad, evitando las pastillas

de farmacia a partir de ioduro potásico o extractos
de tiroides.

En concreto:

Obesidad.

Caída prematura del cabello en jóvenes.

Cansancio y sueño a todas horas.

Hipotiroidismo, mixedema, cretinismo.

Angina de pecho.

Arteriosclerosis.

Mejora del desarrollo intelectual del niño.

Estímulo del rendimiento muscular.

Mejora en la absorción de otros minerales.

Mala circulación arterial.

Cabello seco y áspero.

Dismenorreas en jóvenes.

Bocio.

Uñas con estrías.

Bronquitis aguda.

Toxemia.

Esclerosis vascular.

Ganglios linfáticos inflamados.

Tuberculosis y sífilis.

Otras aplicaciones

Debilidad muscular, reumatismo, colesterol y/o triglicéridos elevados, hipertensión arterial, irritabilidad, aumento de peso, frialdad de manos y pies, enfermedad fibroquística de la mama. Exposición a material radioactivo, miocarditis seniles, afecciones respiratorias, vitíligo, trastornos capilares, arteriosclerosis.

Sobredosis

Se han detectado casos de sobredosis en personas que utilizaban sistemáticamente formas galénicas de yodo para desinfectar heridas. Las más corrientes son la tintura de yodo y la pavidona iodada. Ambos son excelentes desinfectantes cutáneos, aunque incompatibles con materiales orgánicos y elementos ácidos. Utilizados en heridas abiertas o en mucosas (bucal, vaginal) puede producirse una gran

absorción del yodo y con ello alteraciones en la
función tiroidea. En caso de ingestión accidental o
cuando se quiera eliminarlo de la piel puede
emplearse leche. Los síntomas incluyen vómitos,
diarreas, cólicos abdominales e hinchazón del
cuello.

LITIO

Es uno de los oligoelementos que se consideran no
esenciales para la nutrición, aunque tiene
propiedades terapéuticas muy interesantes.
Descubierto en 1863 en algunos vegetales, se pensó
que constituía una rareza sin importancia hasta que
análisis posteriores fueron capaces de detectarlo en
más de 1.400 especies. También se detectó su
presencia en el agua de manantial y en ciertas rocas
marinas, encontrándose finalmente en los tejidos
animales y humanos, principalmente en el cerebro,
la médula espinal, las glándulas suprarrenales y el
hígado.

Funciones orgánicas

> Actúa en la hidratación celular permitiendo
> que el sodio salga de la célula sin afectar al
> potasio.

Es decisivo en la función de los neurotransmisores.

Mantiene la membrana celular en buen estado.

Regula las tasas de catecolamina de la acetilcolina, del ácido glutámico y el ácido gamma aminobutírico (GABA).

Colabora en la síntesis del ATP (Adenosín trifosfato).

Facilita la eliminación renal de la urea.

Controla la excitación nerviosa del corazón.

Lo encontramos con facilidad en:

Agua de manantial.

La dolomita.

En el riñón, cerebro e hígado de mamíferos.

En los germinados de soja y alfalfa.

Las leguminosas y cereales integrales.

Los tomates, pimientos, patatas y nabos.

El romero, tomillo, berros y achicoria.

Aplicaciones terapéuticas

Las primeras aplicaciones con el litio fueron como consecuencia de encontrar una gran eliminación de sodio y fuertes retenciones de litio en los pacientes afectados por depresiones maniacas depresivas. El problema es que la dosis terapéutica recomendada, entre 600 a 1,500 mg/día, suele ser tóxica a largo plazo, especialmente si hay algún tipo de retención renal. El tratamiento natural, el cual emplea comprimidos de levadura con litio que contienen 0,8 mg o el catalítico a la 4CH, lo hace prácticamente atóxico, aunque conserva la mayoría de sus propiedades curativas.

Se aplica en el síndrome de mala absorción, desórdenes maníaco-depresivos, como protección contra la arterioesclerosis, envejecimiento, reducción de la fertilidad, hiperansiedad, hiperemotividad, tendencias depresivas reincidentes, disminución de las capacidades intelectuales, insomnio de origen ansioso, irritabilidad, agresividad, urticaria, migraña, diabetes, hiperuricemia, leucopenia.

En concreto:

Manías depresivas.

Cambios de humor bipolares.

Alcoholismo crónico.

Depresión agitada.

Ideas de suicido.

Debilidad física.

Melancolía

Tratamiento complementario con psicofármacos.

Tratamiento de las alteraciones emocionales producidas por corticoides.

Psicosis.

Trastornos del humor con irritabilidad, ansiedad, agitación y angustia.

Hipocondría.

Disminución de la creatividad y de las facultades mentales.

Fobias.

Como complemento de la terapia con fármacos en la epilepsia, parálisis periódica y parkinsonismo.

Alteraciones del sueño.

Dolores de cabeza por tensión nerviosa.

Hipertiroidismo.

Agresividad.

Consideraciones importantes en el tratamiento con litio

Aunque con el empleo de las sales de litio naturales anteriormente citadas no se dan casos de intoxicación, se mencionan a continuación las recomendaciones que existen para la aplicación del litio en la clínica médica habitual.

El litio administrado como sal carbonada se absorbe muy rápidamente y alcanza la máxima concentración en apenas una hora, sin sufrir ninguna modificación metabólica, llegando a excretarse hasta el 95% por vía renal. No obstante, esta eliminación puede quedar interrumpida si se administran diuréticos y aumenta la excreción de sodio. La eliminación total se realiza en 24 horas, aunque se prolonga sensiblemente con la edad y las enfermedades renales. La estabilización de la enfermedad emocional se puede lograr después de un tratamiento de seis días, lo que excluye ya la tendencia al suicidio como enfermedad a tratar, salvo que simultáneamente se impongan otras terapias de acción rápida.

Para evitar efectos secundarios hay que dar la dosis repartida tres o cuatro veces al día, en presencia de alimentos para una absorción lenta, aunque llegada la mejoría puede bastar una dosis única por las noches.

El litio es un antidepresivo que no provoca sedación ni alteraciones cognoscitivas, por lo que pueden conducirse vehículos o realizar las actividades normales durante su tratamiento. Las mujeres embarazadas, por supuesto, no deben tomar suplementos de litio y sería conveniente incluso que aquellas que deseen tener hijos suspendieran el tratamiento con litio unos meses antes, ya que puede haber riesgo de anomalías cardiovasculares durante el primer trimestre. Si ello no es posible por la gravedad de la enfermedad o porque el riesgo es mayor con otras terapias, se suspenderá de cualquier manera las dosis de litio 2 semanas antes del parto y no se tomará durante la lactancia, ya que es posible que pase a la leche.

Efectos secundarios

Los más frecuentes consisten en náuseas, diarreas, exceso de orina con dolor y quizá aumento de peso, aunque son transitorios y se pueden evitar simplemente ajustando la dosis.

Los casos leves incluyen leucocitosis, aumento del acné, hipotiroidismo, psoriasis y diabetes insípida por alteración renal. También pueden darse temblores suaves e irritación gástrica.

Los casos de intoxicación más graves incluyen temblores, aumento de los reflejos tendinosos, dolores de cabeza, vómitos y confusión mental. Después pueden darse estupor, convulsiones, arritmias y trastornos cardíacos con anemia aplástica.

PLANTAS MEDICINALES

BACOPA

A la planta *Bacopa monnieri* también se le conoce con el nombre de "Brahmi" o "Nira-brahmi". Los antiguos textos Ayurvédicos la recomiendan para "rejuvenecer el cerebro" y mejorar las propiedades cognitivas. Los gurúes de las escuelas religiosas de la antigua India administraban Brahmi a sus discípulos para ayudarlos a memorizar los himnos y textos védicos, y para concentrarse durante la meditación.

Composición:

Los componentes responsables de los efectos farmacológicos de Bacopa monnieri son: Bacósido A3, alcaloides, saponinas y esteroles. Muchos de sus componentes activos fueron aislados en la India hace 40 años. Desde entonces han sido identificados otros constituyentes, tales como el ácido betúlico, estigmasterol, beta – sitosterol, al igual que numerosos bacósidos y bacosaponinas.

Las saponinas triterpenoides tipo dammarano clasificadas como pseudojujubogenin y glucósidos jujubogenin, se presentan como parte de los componentes activos de esta planta.

Estudios

Muchos estudios han demostrado que la hierba tiene un efecto beneficioso sobre la mente y la memoria. También ayuda en el rendimiento cognitivo, la ansiedad y la depresión en las personas mayores.

El estudio fue un ensayo aleatorizado, doble ciego, controlado con placebo durante 12 semanas en pacientes mayores de mayores de 65 años (media 73 años), sin signos clínicos de demencia. Todos recibieron 300 mg / día o una tableta de placebo similar por vía oral. El control de línea de base sobre el déficit cognitivo, incluyó prueba de orientación, memoria, concentración y lenguaje verbal. Los resultados fueron significativos, con el grupo que había recibido Bacopa una mejora importante, mientras que el grupo de placebo no obtuvo cambios. También se encontraron mejoras en la depresión, ansiedad y frecuencia cardiaca.

La dosis se toleró bien con pocos efectos secundarios, principalmente sin malestar estomacal. Este estudio proporciona evidencia adicional de que el extracto de Bacopa monnieri estandarizado tiene potencial para mejorar de forma segura el rendimiento cognitivo en el envejecimiento.

El modo de acción de los efectos protectores de células cerebrales se debe a los antioxidantes que inhiben el estrés oxidativo neuronal y las actividades inhibidoras de la acetilcolinesterasa.

Interacciones

La bacopa podría interactuar acumulativamente con medicamentos bloqueadores del calcio y afectar negativamente las enzimas del citocromo P450, así como aumentar las hormonas tiroideas.

Cuando se ingiere de manera concomitante con la fenitoina, la bacopa podría revertir el deterioro cognitivo producido por la fenitoina.

Según la evidencia:

La Bacopa monnieri puede ser capaz de aumentar la memoria por la enzima triptófano hidroxilasa (TPH2) y el aumento de la expresión del transportador de serotonina (SERT).

La acción se produce en las áreas del cerebro involucradas con la memoria, como el hipocampo y la amígdala basolateral. Estos cambios coinciden con el aumento de la memoria que se ve en los estudios con humanos, donde el uso después de 2 semanas implica la mejora dendrítica como una explicación probable para la mejora de la memoria.

La Bacopa, en personas sanas, ha tenido éxito en afectar beneficiosamente la retención de la información aprendida. Puede ser capaz de aumentar la codificación de la información a corto plazo, mejorando también la velocidad de retención.

Con 300 mg al día mejora la memoria, el aprendizaje verbal y la memoria diferida. También es útil en niños de 6-12 años con TDAH, aunque es más eficaz complementándola con hierbas como Melisa, Centella asiática, Ashwagandha y Espirulina.

Parece ser eficaz para reducir los efectos bioquímicos del estrés, asegurando su condición de adaptógeno.

Es efectiva en la reducción de los efectos oxidativos y adversos de los minerales en el cerebro, específicamente sobrecarga de hierro y mercurio, protegiendo del daño neuronal.

Reduce la inflamación neuronal asociada con el envejecimiento durante un período de tres meses, y puede ejercer un efecto neurológico anti-envejecimiento.

Las personas mayores de 65 años experimentaron una disminución de la ansiedad y la depresión en un estudio doble ciego.

Tiene efecto anti-fertilidad posible a través de obstaculizar la función del esperma y el conteo, pero no influye en la testosterona o la libido.

La Bacopa monnieri, es más efectiva junto a la cúrcuma, té verde, ashawagandha, y cardo mariano.

AVENA

Avena sativa

Botánica:

Se trata de un cereal de hasta 150 cm de altura, de tallo recto y que se encuentra en campos e incluso a alturas de hasta 1500 metros. Es originaria de Asia y actualmente la podemos encontrar en toda Europa, tanto cultivada como silvestre. Se recolecta a principios de primavera y finales del verano.

Los granos de la avena están sueltos en un penacho y su cultivo es favorable en climas muy lluviosos.

Se obtienen mediante la trilla de la avena madura y seca, posteriormente cribados en máquinas adecuadas y prensados para dar lugar a los copos de avena.

Solamente existe cultivada en zonas húmedas.

Recolección:

Florece en junio y se recolecta en pleno verano.

Partes utilizadas:

Se emplean las semillas y hojas.

Composición:

Contiene potasio, azufre, fósforo, sílice y proteínas (35%), además de hierro, calcio, magnesio, vitaminas A, B1, B2, PP, E, D y C, así como carotenos. Hay proteínas, glucósidos, enzimas, almidón.

También se encuentran saponinas con efectos antibacterianos, pectinas y ceras.

Almidón, nitrógeno, avenarina, quinona, guanina, colina, hipoxantina, raevulosario.

Usos medicinales:

Es diurética, rejuvenecedora, sedante, refrescante y energética. Se emplea como energético, para calmar los estados ansiosos y para aliviar los trastornos de la menopausia. En menor proporción es empleada en las bronquitis (especialmente cuando el moco contiene sangre) y los edemas. Es laxante suave, tónico nervioso, diurética y ayuda a controlar la hipertensión. Los copos se emplean con éxito en el tratamiento del colon irritable y son ideales para estómagos sensibles, pacientes desnutridos y como primer alimento después de una operación quirúrgica.

La Avena sativa ha alcanzado ahora gran popularidad por sus efectos notorios en la disfunción eréctil (diez gotas, dos veces al día, debajo de la lengua), así como por sus efectos afrodisiacos en hombres y mujeres. Además contienen compuestos que son a la vez sedantes y calmantes para el cerebro y sistema nervioso

Otros usos:

Con su harina se preparan multitud de cosméticos contra las arrugas y para mantener la lozanía de la piel. También se puede emplear para lavar la piel de los niños y evitar las escoceduras, y en general para aplicarla directamente sobre la piel irritada o con dermatitis. Como jabón se aplica para eliminar la costra láctea.

Ayuda en la cura de desintoxicación por opiáceos y nicotina.

Su harina se emplea con éxito para el baño, especialmente en bebés. Sirve para la preparación de whisky. Para combatir el estreñimiento hay que utilizar la avena cruda, lo mismo que para combatir el estrés. También se recomienda para combatir el síndrome de la dependencia medicamentosa o de drogas, para limpiar el aparato digestivo y para controlar la actividad hormonal en las mujeres.

Toxicidad:

No tiene toxicidad. Contiene gluten.

En concreto:

Ayuda a reducir la tensión nerviosa y tonifica el sistema nervioso central

GINKGO

Ginkgo biloba

Botánica:

Se trata del único ejemplar de la familia de las Ginkgoáceas. Se le reconocen ejemplares en el Terciario y se le considera un fósil viviente único. Original de China y Japón, en donde era un árbol sagrado que adornaba palacios y templos, ahora está extendido por toda Europa. Tiene un diámetro de 2 metros y alcanza los 30 metros de altura.

Recolección:

Las hojas cambian de color antes de su caída en otoño. Sus frutos despiden un olor desagradable cuando caen al suelo.

Partes utilizadas:

Se emplean las hojas.

Composición:

Antocianinas, flavonoides y ginkgólidos.

Usos medicinales:

Excelente venotónico en varices y hemorroides. Mejora la circulación cerebral, la insuficiencia circulatoria y la fragilidad capilar, siendo especialmente importante en ancianos.

Se comporta como un poderoso antioxidante, aumentando la cantidad de oxígeno disponible para el cerebro, al mismo tiempo que evita la coagulación excesiva de la sangre. Se cree que el Ginkgo también puede ayudar a mejorar la transmisión de información en las células cerebrales, el tiempo de reacción en pruebas de memoria, siendo especialmente eficaz en los pacientes con Alzheimer.

Otros usos:

Eficaz afrodisiaco por un aumento del volumen sanguíneo en los cuerpos cavernosos del pene, ejerciendo también como un moderado antidepresivo.

Toxicidad:

No tiene toxicidad.

En concreto:

Aumenta el riego sanguíneo en el cerebro, facilitando que las neuronas reciban mayor cantidad de oxígeno y nutrientes. De este modo aumenta la capacidad de concentración y la mejoría de la memoria.

GINSENG

Panax quinquefolium

Botánica:

Planta aromática de la familia de las Araliáceas de flores amarillas y frutos rojos. La raíz adopta formas caprichosas que se parecen a cuerpos humanos.

Recolección:

La raíz de seis años

Partes utilizadas:

Se emplea la raíz de seis años.

Composición:

Ginsenósidos, panaxósidos, ácido panáxico, saponina, fosfatos, estrógenos y las vitaminas C y B.

Usos medicinales:

Estimulante nervioso, hormonal y muscular, así como hipoglucemiante ligero, antiespasmódico y afrodisíaco. Es la planta medicinal más utilizada en todo el mundo y de la que todavía no conocemos todas sus propiedades. Se emplea con éxito en los decaimientos, agotamiento nervioso, estrés, fatiga intelectual, mala memoria y riego sanguíneo cerebral disminuido. También para corregir los problemas nerviosos y hormonales de la menopausia, para aumentar las defensas inespecíficas, en la disminución prematura de la potencia sexual, como regulador de la presión sanguínea y en las diabetes no estabilizadas.

Otros usos:

No se recomiendan dosis diarias superiores a los dos gramos, aunque se han logrado resultados óptimos en casos de insomnio empleando cinco gramos/día. En el mercado se encuentran preparados adulterados con azúcar y raíces de menos de seis años.

Toxicidad:

A pesar de que no tiene toxicidad, no hay que sobrepasar la dosis de dos gramos diarios.

En concreto:

Tonifica y aumenta la capacidad para la concentración y la memoria.

VINCAPERVINCA

Vinca minor

Botánica:

De la familia de las Apocináceas, esta planta herbácea, de tallos erectos y flores de color azul violeta, tiene hojas opuestas y frutos ovales rellenos de semillas duras. Se encuentra en los bosques y lugares frescos.

Recolección:

Florece entre abril y mayo.

Parte utilizadas

Se emplean las hojas.

Composición:

Carotenos, tanino, vincina y vincósido. La raíz, vincamina, isovincamina y vincaminina.

Usos medicinales:

Vasodilatador cerebral, hipotensora y protector vascular, en especial para los problemas de circulación cerebral, mejorando incluso la función de los pequeños vasos sanguíneos. Hipertensión moderada, arteriosclerosis, acúfenos, vértigos y fragilidad capilar. Tiene sinergia con el Ginkgo Biloba y el Espino blanco.

Otros usos:

Estimula la menstruación.

Toxicidad:

Su grado toxicidad es bajo. Contraindicado en tumores cerebrales.

En concreto:

Actúa a nivel del tejido cerebral, mejorando la oxigenación de las células.

OTROS SUPLEMENTOS DE UTILIDAD

DMAE (2-dimetilaminoetanol)

Los estudios demostraron la efectividad del medicamento comparándolo con el placebo y los niños que tomaban metilfenidato. El DMAE tiene efectos estimuladores y es un precursor de la acetilcolina cerebral.

La acetilcolina facilita la memoria, la concentración, el proceso de pensar, calcular… Con DMAE se facilita el aprendizaje en el trastorno por déficit de concentración.

Composición:

Fosfolípidos: fosfatidilcolina, fosfatidilserina, fosfatidiletanoamina, fosfoinosítidos

Usos medicinales:

El DMAE también es efectivo en la depresión, falta de coordinación motora y fatiga mental. Así como, según estudios realizados en 1990 por Knusel, mejora las funciones cognitivas en pacientes con enfermedad de Alzheimer y demencia degenerativa progresiva.

OMEGA 3

El omega 3 en forma de DHA o ácido docosahexaenoico es el componente imprescindible para la formación de fosfolípidos. El déficit de DHA se ha asociado en muchos de los síntomas de déficit de atención con hiperactividad.

Hay muchos estudios sobre DHA y su efectividad en déficit de atención con hiperactividad que hace de este medicamento natural la base del tratamiento en TDAH.

ACEITE DE ONAGRA

Regula la función cerebral, controlando las sustancias transmisoras del sistema nervioso.

LEVADURA DE CERVEZA

Debido a su alto contenido en vitaminas del grupo B y calcio, resulta uno de los mejores aliados del cerebro.

LECITINA DE SOJA

Es un complejo natural de fosfolípidos que se
encuentra en las semillas de la soja y en las
membranas de las células nerviosas y del cerebro.
Ayuda a mantener una buena transmisión de los
impulsos nerviosos lo que mejora el rendimiento
intelectual.

VITAMINAS Y OLIGOELEMENTOS

Vitaminas del grupo B: concretamente B1, B2, B5,
B6 y B12: actúan en la transmisión de la corriente
nerviosa y la formación de las membranas de
fosfolípidos, moléculas que desempeñan un papel
importante en todos los intercambios entre
neuronas.

Vitamina E: actúa como un potente antioxidante
cerebral, protegiendo las neuronas.

Fósforo y calcio: resultan importantes para el
funcionamiento del metabolismo de las neuronas.

Silicio: protege contra el envejecimiento, estimula
el sistema nervioso y actúa contra la atonía cerebral
y deficiencia intelectual.

FLORES DE BACH

La utilidad de las flores de Bach es controvertida y con frecuencia no hay grandes cambios, aunque sirve de ayuda para reforzar algún efecto concreto.

Para una mayor eficacia, se depositarán cuatro gotas debajo de la lengua o en un defecto en la cara interna del antebrazo, justo donde se toman las pulsaciones radiales.

Se recomiendan:

Clematis: falta de concentración, distracción, estar ausente.

Cherry plum: falta de concentración y nerviosismo.

Impatiens: impaciente, se enfada con facilidad.

Larch: falta de confianza y sentimientos de inferioridad.

Verbena: hiperexcitación, entusiasmo excesivo.

NEUROFEEDBACK

La posibilidad de auto-regular a nuestro cerebro es una hipótesis apasionante. La idea es que el cerebro tiene su propio lenguaje y nuestros sentidos otro, pero que es posible que ambos lleguen a un entendimiento en busca de lo mejor para nuestro organismo en su conjunto.

A través de sensaciones placenteras podríamos lograr cambios eficaces y duraderos, consiguiendo restaurar la serenidad, confianza y bienestar.

Las últimas aplicaciones nos llevan a su uso en el TDAH (Trastorno por Déficit de Atención con Hiperactividad) y el TEPT (Trastorno por estrés postraumático), así como en el mal de Alzheimer, autismo, desórdenes del sueño, insomnio y la disfunción cognitiva derivada de la quimioterapia.

El sistema de neurofeedback en realidad es un software de entrenamiento cerebral altamente personalizado que solicita al sistema nervioso central para ayudar a hacer el mejor uso de los recursos neuronales de su cerebro, de forma similar a la formación física para el cuerpo.

Puesto que gran parte de nuestro sufrimiento corporal proviene de pensamientos recurrentes y sentimientos generalizados en el que nuestras mentes, los cuales se anclan sólidamente impidiéndonos el libre fluir de los pensamientos, el sistema indica al cerebro cómo sacar de sus recursos existentes para solucionar estos problemas mentales.

El resultado es un modo de pensar más abierto y positivo en la que los obstáculos son más manejables y los problemas más resolutivos.

Al igual que un espejo que nos indica qué debemos corregir y cómo, el programa de neurofeedback monitorea las ondas cerebrales y proporciona "retroalimentación" en el sistema nervioso central.

La conclusión de sus creadores es que el neurofeedback logra que el sistema nervioso central (SNC) haga el mejor uso de los recursos naturales de su cerebro. La Asociación Americana de Drogas y Alimentos ha aprobado el neurofeedback para reducir el estrés y la Academia Americana de Pediatría lo ha aprobado como una "1/Best Support Level" tratamiento para los niños con TDAH.

Aplicaciones:

Mejora del sueño

Mayor claridad mental

Rendimiento cognitivo mejorado.

Depresión

Ansiedad

Trastorno de estrés postraumático

Enfermedad de Alzheimer

Autismo

Trastornos del sueño

Misofonía

Estrés.

Niños con TDAH.

Deterioro cognitivo

Recuperación de la memoria y aumentar la habilidad cognitiva general en las personas mayores.

Mejora del rendimiento deportivo

Mejora de la concentración y el enfoque mental,

LAS
200 PLANTAS
MEDICINALES
MÁS EFICACES
SALUD,
VIDA Y
DEPORTE
Adolfo Pérez Agustí
EDICIONES
MASTERS

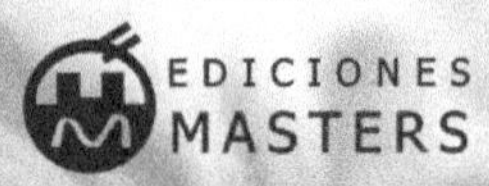

170

MEDICINA
ORTOMOLECULAR

Adolfo Pérez Agustí

Adolfo Pérez Agustí
Psicología de la FELICIDAD
EDICIONES MASTERS

Salud y crecimiento Infantil

sin medicamentos